චතුරාර්ය සත්‍යාවබෝධයට ධර්ම දේශනා....

මෙන්න නියම
දේවදූතයා

පූජ්‍ය කිරිබත්ගොඩ ඥාණානන්ද ස්වාමීන් වහන්සේ

චතුරාර්ය සත්‍යාවබෝධයට ධර්ම දේශනා....

මෙන්න නියම දේවදූතයා

පූජ්‍ය කිරිබත්ගොඩ ඤාණානන්ද ස්වාමීන් වහන්සේ

© සියලුම හිමිකම් ඇවිරිණි.

ISBN : 978-955-0614-18-9

ප්‍රථම මුද්‍රණය : ශ්‍රී බු.ව. 2554 ක් වූ බක් මස පුන් පොහෝ දින
දෙවන මුද්‍රණය : ශ්‍රී බු.ව. 2556 ක් වූ පොසොන් මස පුන් පොහෝ දින
තෙවන මුද්‍රණය : ශ්‍රී බු.ව. 2556 ක් වූ නිකිණි මස පුන් පොහෝ දින
සිව්වන මුද්‍රණය : ශ්‍රී බු.ව. 2556 ක් වූ ඉල් මස පුන් පොහෝ දින

- සම්පාදනය -

මහමෙව්නාව භාවනා අසපුව
වඩුවාව, යටිගල්ඔළුව, පොල්ගහවෙල.
දුර : 037 2244602
info@mahamevnawa.lk | www.mahamevnawa.lk

- පරිගණක අකුරු සැකසුම, පිටකවර නිර්මාණය සහ ප්‍රකාශනය -

මහාමේඝ ප්‍රකාශකයෝ
වඩුවාව, යටිගල්ඔළුව, පොල්ගහවෙල.
දුර : 037 2053300, 0773216685
mahameghapublishers@gmail.com | www.mahameghapublishers.com

- මුද්‍රණය -

ලීඩ්ස් ග්‍රැෆික්ස් (පුද්.) සමාගම,
අංක 356 E, පන්නිපිටිය පාර, තලවතුගොඩ.

චතුරාර්ය සත්‍යාවබෝධයට ධර්ම දේශනා....

මෙන්න නියම දේවදූතයා

පූජ්‍ය කිරිබත්ගොඩ ඤාණානන්ද ස්වාමීන් වහන්සේ
විසින් පවත්වන ලද සදහම් වැඩසටහන් වලදී දේශනා කරන ලද
සූත්‍ර දේශනා ඇසුරෙනි.

මහාමේඝ
MAHAMEGHA

ප්‍රකාශනයකි

පෙළගැස්ම....

"දසබලසේලප්පභවා නිබ්බානමහාසමුද්දපරියන්තා
අට්ඨංග මග්ගසලිලා ජිනවචනනදී චිරං වහතූති"

දසබලයන් වහන්සේ නමැති ශෛලමය පර්වතයෙන් පැන නැගී
අමා මහා නිවන නම් වූ මහා සාගරය අවසන් කොට ඇති
ආර්ය අෂ්ටාංගික මාර්ගය නම් වූ සිහිල් දිය දහරින් හෙබි
උතුම් ශ්‍රී මුඛ බුද්ධ වචන ගංගාව
(ලෝ සතුන්ගේ සසර දුක නිවාලමින්)
බොහෝ කල් ගලාබස්නා සේක්වා!

(සළායතන සංයුත්තය - උද්දාන ගාථා)

නමෝ තස්ස භගවතෝ අරහතෝ සම්මාසම්බුද්ධස්ස
ඒ භාග්‍යවත් අරහත් සම්මා සම්බුදුරජාණන් වහන්සේට නමස්කාර වේවා!

01.
දේවදූත සූත්‍රය

(මජ්ඣිම නිකාය 3 - සුඤ්ඤත වර්ගය)

ශ්‍රද්ධාවන්ත පින්වතුනි,

අපි අද උදේ වරුවේ ඉගෙන ගන්නේ සුවිශේෂ දේශනයක්. මිහිඳු මහරහතන් වහන්සේ ලංකාවට වැඩම කරලා ලාංකීය ජනතාවට කියා දීපු මූලිකම දේශනා වලින් එකක්. මේ දේශනාව ඇතුළත් වෙන්නේ මජ්ඣිම නිකාය කියන කොටසට. මේ දේශනාවේ නම 'දේවදූත සූත්‍රය'.

පෘථග්ජනයින්ට හිතාගන්නවත් බෑ...

මේ දේශනාවෙන් කියවෙන දේ මේ ලෝකේ වෙන කිසිම කෙනෙක් දන්නේ නෑ. කර්ම කර්මඵල විශ්වාස නැති, යථාභූත ඤාණයක් නැති කෙනෙකුට හිතාගන්නවත් බැරි එකක්. ඒ තමයි නිරය. මේ දේශනාවෙන් කියවෙන්නේ නිරය ගැන.

රැවටිලා අහුවෙන්න එපා...

මේ අපා දුකින් නිදහස් වෙන්නයි බුදුරජාණන් වහන්සේ නමක් පහළවෙලා චතුරාර්ය සත්‍ය ධර්මය අපට කියලා දෙන්නේ.

දැන් බලන්න, අපි මනුස්ස ලෝකෙට ආවා. මනුස්ස ලෝකේ තියෙන දේවල්වලට රැවටුණා. ඒවා පස්සේම දුව දුවා වයසට යනවා. හිටපු ගමන් ලෙඩ රෝග හැදෙනවා. අපි මැරිලත් යනවා. කර්මානුරූපව ගිහින් ආයේ කොහේ උපදිනවාද කියලා කියන්න දන්නේ නෑ.

නමුත් අපට එකක් පේනවා. මේ හිතේ ස්වභාවය අපට තේරුම් ගන්න පුළුවන්. මේ හිතේ හොඳ පැත්තක් වගේම, නරක පැත්තකුත් තියෙනවා. නමුත් හොඳ පැත්ත මතුකරලා ගන්නවාට වඩා, නරක පැත්ත මතුකරලා ගන්න ලේසියි. හොඳ පැත්ත මතුකරලා ගන්නයි අමාරු.

කරන කෙනයි දන්නේ අමාරුව...

දැන් බලන්න, හොඳ පැත්තට සීලයක් පුරුදු කරන එක අමාරුයි. උත්සාහයෙන්, වීර්යෙන් තමයි කරන්න තියෙන්නේ. සමාධියක් වුණත් එහෙමයි. කරන කෙනා දන්නවා. අමාරුවෙන් තමයි කරන්න තියෙන්නේ.

නමුත් නරක වැඩක් කරන එක හරි ලේසියි. අපේ ජීවිතේ දිහා ආපස්සට හැරිලා බැලුවොත් අපට වැරදිච්ච හැම අවස්ථාවකම වැරදිලා තියෙන්නේ හිතේ ඇතිවෙච්ච අකුසල් නිසා. හොඳට හිතලා බලන්න ජීවිතේ දිහා...

බුදුරජාණන් වහන්සේ දේශනා කළා, 'යකඩය විනාශ වෙන්නේ යකඩයෙන්ම හැදෙන මලකඩ නිසා...' කියලා. ඒ වගේම අපේ ජීවිතයට වැරදුණොත් එක්කෝ

රාගය මුල්වෙලා, එක්කෝ ද්වේශය මුල්වෙලා, එක්කෝ මෝහය මුල්වෙලා. මේ අකුසල් අපේ හිතේ තියෙන නිසා මේ ජීවිතේ අවසන් වෙනකොට කර්මය විසින් අපව නිරය කරා අරගෙන යන්න පුළුවන්කම තියෙනවා. තිරිසන් ලෝකයේ උපතක් කරා රැගෙන යන්න පුළුවන්කම තියෙනවා.

නලයකින් බැලුවට පේන්නෙ නෑ...

ධර්මය ජීවිතයට ගන්න දක්ෂ වුණොත් විතරක් එයා බේරෙනවා. ධර්මය ජීවිතයට ගන්න දක්ෂ වුණේ නැත්නම් බේරෙන්න අමාරුයි. මේක තමන් විසින් තමන්ව පරිස්සම් කරගන්න වැඩපිළිවෙලක්.

මේක කරන්න තියෙන්නේ උත්සාහයෙන්, වීර්යයෙන්, ධෛර්යයෙන්, කැපවීමකින්. ඒක නිසා අමාරුයි. බුදුරජාණන් වහන්සේ මේ නිරයේ ස්වභාවය ගැන දැක්කා. උන්වහන්සේ දැක්කේ නිකන් ඇස් දෙකෙන් නෙමෙයි. පරීක්ෂණ නලයක් ඇතුළෙන් නෙමෙයි. නලයකින් බැලුවට පේන්නේ නෑ. බාහිර බැලුවට පේන්නේ නෑ. බාහිර උපකරණයකින් පේන්නේ නෑ. උන්වහන්සේ දැක්කේ දිවැස් නුවණින්. ඒකට කියනවා 'චුතූපපාත ඤාණය' කියලා.

අපට නොපෙනෙන දේවල් පේනවා...

හතරවෙනි ධ්‍යානය දක්වා හිත දියුණු කරලා උන්වහන්සේට පුළුවන් වුණා මේ සත්වයන් උපදින ආකාරයත් චුතවෙන ආකාරයත් දැකගන්න.

අපට පුළුවන්ද සත්වයන් චුතවෙනවා දකින්න? බැහැ. කෙනෙක් මැරෙන කොට අපි දකින්නේ හෘද

වස්තුව නවතිනවා. ඊළඟට ලේ ගමන නවතිනවා. ඇඟ සීතල වෙනවා. දරදඬු වෙනවා. එච්චරයි අපට පේන්නේ. එතකොට අපි කියනවා 'එයා මැරුණා' කියලා.

අපි දැක්කද එයාගේ පංච උපාදානස්කන්ධය පිටවෙන හැටි? දැක්කේ නෑ. එහෙනම් අපට චුතවෙනවා පේන්නේ නෑ. උපදිනවා පේන්නෙත් නැහැ. නමුත් බුදුරජාණන් වහන්සේ දැක්කා සත්වයන් චුතවෙන හැටිත්, සත්වයන් උපදින හැටිත්.

යනවා එනවා පේනවා...

උන්වහන්සේ මේක දැක්කේ මේ වගේ. දොරවල් ඇරපු ගෙවල් දෙකක් දෙපැත්තක තියෙනවා. මේ ගෙවල් දෙක දිහා බලාගෙන මැද්දේ එක්කෙනෙක් හිටගෙන ඉන්නවා. එතකොට එයාට පේනවා මේ ගෙවල්වලින් මිනිස්සු එළියට යනවා. ආයෙමත් ගෙට ඇතුළු වෙනවා. ගෙවල් ඇතුළේ ඇවිදිනවා. ආයේ එළියට යනවා. මේ ගෙදර අය ඊළඟ ගෙදරට මාරු වෙනවා. මෙන්න මේ වගේ කියනවා මේ සත්වයන්ගේ ජීවිත.

සමහර සත්වයන් ඉන්නවා කයින් සුචරිතයේ යෙදෙනවා. වචනයෙන් සුචරිතයේ යෙදෙනවා. මනසින් සුචරිතයේ යෙදෙනවා. යහපත් ජීවිතයක් ගෙවනවා. ආර්යන් වහන්සේලාට, ආර්ය ධර්මයට ගරහන්නේ නෑ. සම්මා දිට්ඨියෙන් යුතුව ජීවත් වෙනවා. අන්න ඒ අය මරණින් මත්තේ සුගතියේ උපදිනවා. එහෙම නැත්නම් ආයේ මිනිස් ලෝකෙට එනවා.

මේවා තිබුණොත් විතරයි...

එහෙනම් ඔබ මරණයට පත්වුණාට පස්සේ

ආයෙමත් මිනිස් ලෝකෙට එන්නේ කුමක් නිසාද? කයින් සුචරිතයෙහි යෙදීම නිසා, වචනයෙන් සුචරිතයෙහි යෙදීම නිසා, මනසින් සුචරිතයෙහි යෙදීම නිසා, ආර්යන් වහන්සේලාට, ආර්ය ධර්මය ගර්හා නොකිරීම නිසා සම්මා දිට්ඨියෙන් යුතුවීම නිසා.

ඔබ සුගතියට යනවා නම් ඔය ලක්ෂණ ඔබ තුළ තියෙන්න ඕන. ඔබ තුළ ඔය ලක්ෂණ තියෙනවා නම් ඔබ තේරුම් ගන්න 'මම මරණින් මත්තේ සුගතියට යන කෙනෙක්...' කියලා.

පාංශුකූල නිසා සුගතියේ යන්නේ නෑ...

එහෙනම් පාංශුකූල නිසා නොවෙයි සුගතියේ යන්නේ. දැන් පාංශුකූල දෙන්නේ මොකටද? 'මරණින් පස්සේ නරක තැනක ඉපදිලා සිටිනවා නම්, එයින් අත මිදී සුගතියට යාවා...' කියලා. එහෙම කරන්න පුළුවන්ද? බැහැ. එහෙම පුළුවන් නම් ඉස්සෙල්ලාම ඒක කියන්නේ බුදුරජාණන් වහන්සේ. ඇයි උන්වහන්සේ මහා කාරුණිකයි. මැරුණට පස්සේ හරි එහෙම කෙනෙක්ව සුගතියේ යවන්න පුළුවන් නම් උන්වහන්සේ ඒක කියනවා.

ඊයේ එක්කෙනෙක් වැඩසටහනකදී මගෙන් ඇහුවා, 'මැරිච්ච එක්කෙනාට වඩාත් පින් සිද්ධවෙන්නේ භූමදානය කළාමද? ආදාහනය කළාමද?' කියලා. මම කිව්වා 'මැරිච්ච එක්කෙනාට ඒක අදාළ නෑ. මැරුණට පස්සේ වාහනයකට චප්ප කරලා දැම්මත් ඒකේ කිසි ප්‍රශ්නයක් නෑ...' කියලා. ඇයි මළමිනීවලට සලකලා, කොහොමද සත්වයා සුගතියේ යවන්නේ. බල්ලෝ කාලා ගියත් කමක් නෑ. වැදගත්කම තියෙන්නේ ජීවත්වෙලා ඉන්න ජීවිතේ. මළකඳේ නොවෙයි.

හිත පෙළුවොත් ප්‍රාණඝාත ලූ...

බුදුරජාණන් වහන්සේ දේශනා කළා, 'මේ ලෝකේ සත්වයෝ ඉන්නවා කයින් දුසිරිත් කරන. කය මුල් කරගෙන තුන් ආකාරයකින් දුසිරිතේ යෙදෙනවා. කය මුල්වෙලා පාණාතිපාත වෙනවා. ඒ කියන්නේ? හිත පෙළනවාද? අලුත් විග්‍රහයක් යනවා දැන් මේ රටේ, පාණාතිපාතා කියන බුද්ධ දේශනාවට විරුද්ධව. මොකක්ද ඒ? 'පාණ' කියන්නේ හිත. 'අතිපාත' කියන්නේ පෙළනවා. එහෙම බුද්ධ දේශනාවක් නෑ. ඒක මිත්‍යා දෘෂ්ටියක්.

බුද්ධ දේශනාවේ පාණාතිපාතා විස්තර කරන්නේ මෙහෙමයි. **(ලුද්දෝ)** කෲරයි. **(ලෝහිතපාණි)** ලේ තැවරූ අත් ඇති. **(හතපහතේ නිවිට්ඨෝ)** කොටන මරන, **(අදයාපන්නෝ භූතේසු)** ප්‍රාණීන් කෙරෙහි කරුණාවක්, මෛත්‍රියක් නෑ. මේක තමයි ප්‍රාණඝාතය කියන්නේ.

හොරෙන් ගත්තොත් අහුවෙනවා...

ඊළඟට සොරකම විස්තර කරනවා. ගමේ හෝ නගරේ හෝ තමන්ට නොදුන් දෙයක් හොර සිතින් ගත්තොත් අහුවෙනවා. අනුන්ගේ වත්තකින් මල් පැළයක් ඉදුරුවොත් අහුවෙනවා. අනුන්ගේ තමන්ට නොදුන්නු ගෙඩියක් කැඩුවත් ඒක කයින් දුසිරිතේ යෙදීමක්. ඊළඟට අල්ලස් ගැනිල්ල, වංචා කිරීම් සොරකමට අහුවෙනවා.

ඊළඟට බුදුරජාණන් වහන්සේ කාමයේ වරදවා හැසිරීම විස්තර කරනවා. මව් රකින, පියා රකින, මව්පියන් විසින් රකින, සහෝදරයා රකින, සහෝදරිය විසින් රකින, ඤාතීන් විසින් රකින, ස්වාමියා විසින් රකින, බිරිඳ විසින් රකින යම්කිසි කෙනෙක් සමඟ තවත් කෙනෙක් නොමනා හැසිරීමක යෙදිච්ච ගමන් කාම මිත්‍යාචාරයට අහුවෙනවා.

ඒක කය මුල් කරගෙන දුසිරිතේ යෙදීමක්.

වචන කතා කරන්න හැකියාව ලැබුණේ කේලාම් කියන්න නෙවෙයි...

ඊළඟට බුදුරජාණන් වහන්සේ පෙන්නලා දෙනවා වචනය මුල් කරගෙන හතර ආකාරයකින් දුසිරිතේ යෙදෙනවා. පළවෙනි එක බොරු කියනවා. අපට වචන කථා කරන්න හැකියාව ලැබුණේ බොරු කියන්න නොවෙයි. ලෝකයට යහපතක් කරන්නයි. ඔබ දැක ඇති සර්පයන්. ඒගොල්ලන්ගේ ලෝකයේ වචන නෑ. එයාලා මේ මනුස්ස ජීවිත ගතකරපු කාලේ බොරු කියපු අය.

ඊළඟට කේළාම් කීම. හොඳට බලන්න ගෙවල් දොරවල්වල ප්‍රශ්නවලදී කේළමක් තමයි මුල්වෙන්නේ. සැකය, අවුල්, රණ්ඩු-දබර මේවා ඔක්කෝම ඇතිවෙන්නේ කේළාම් නිසා. කේළාම්වලට සම්බන්ධ සියලුදෙනාම වචනයෙන් දුසිරිතේ හැසිරෙනවා. අපට වචන ලැබිලා තියෙන්නේ කේළාම් කියන්න නොවෙයි. ඔබ දැකලා ඇති කතා කරන්න බැරි අය. හරියට වචන කියාගන්න බැරිව පැටලෙන අය. මේ ඔක්කොම වෙලා තියෙන්නේ වචනය වරද්ද ගත්ත නිසා.

නළු නිළි හිස් කතා එපා...

ඊළඟ එක තමයි පරුෂ වචන. කේළාම් කියලා ඇවිස්සුණාට පස්සේ පරුෂ වචනයෙන් තමයි එතැන ඉඳන් රණ්ඩු දබර ඇති කරගන්නේ. දිගින් දිගටම වචනයෙන් දුසිරිතේ යෙදෙනවා.

ඊළඟට හිස් කතා, නළු නිළියෝ ගැන, ක්‍රිකට් ගැන, දේශපාලකයෝ ගැන ඔය දෙතිස් කතාවලට අයිති ඒවා

ගැනම කතා කර කර ඉන්නවා. ඒ ඔක්කෝම වචනයෙන් දුසිරිතේ යෙදීම තමා.

දැන් අපට මේ අතපය හයිය තියෙන කාලේ. මේ ගැටළුව තේරෙන්නේ නෑ. කවදාහරි මේ ජීවිතය කෙමෙන් කෙමෙන් ඔත්පලවෙලා අවසාන හුස්ම පොදට එනකොට අපි කතා කරපු දේවල් වලින්, අපි ක්‍රියා කරපු දේවල් වලින්, අපි හිතපු දේවල් වලින් වෙනම පොට්ටනියක් බැඳලා අපට දෙනවා. 'ඉඳා... මෙන්න මනුස්ස ජීවිතේදී රැස්කරපු ඒවා. අරන් පලයන්..." කියලා. අන්න ඒක අරන් තමයි යන්න තියෙන්නේ.

මටත් තියෙනවා නම් ඒ වගේ එකක්...

ඊළඟට සිතින් අධර්මයේ හැසිරෙනවා ආකාර තුනකින්. ලස්සන ගෙයක් දැක්කහම හිතෙනවා, 'ෂා...! මටත් තියෙනවා නම්... වාහනයක් දැක්කහම හිතෙනවා, 'මේ ජාතියේ එකක් මටත් තියෙනවා නම්...' ලස්සන සාරියක් දැක්කොත් හිතෙනවා, 'මේ ජාතියේ සාරියක් මටත් තියෙනවා නම්...' ලස්සන කෙනෙක් දැක්කොත් හිතෙනවා, 'මේ කෙනා මට ඉන්නවා නම්...' අනුන්ගේ දේට ආසා කර කර හිතෙන් හූල්ලනවා. මේක සිද්ධ වෙනවද? නැද්ද? සිද්ධ වෙනවා. බලන්න එතකොට අපේ ජීවිතය නරක පැත්තටමනේ හැරිලා තියෙන්නේ. යකඩයේ හැදෙන මලකඩ විසින් යකඩය කා දමනවා වගේ, අපේ ජීවිතය විනාශ කරන දේවල් අපි තුළමයි තියෙන්නේ.

බුදුරජාණන් වහන්සේ දේශනා කරනවා හිතින් නොමග යන ඊළඟ කාරණේ. 'මුන්ට නම් හරියන්න එපා. ඔවුන්ට හොඳක් වෙන්න එපා. මුන් නැතිවෙලා

යන්න ඕනෑ. වැනසිලා යන්න ඕනෑ. හැඳි ගෑවිලා යන්න ඕනෑ.' එහෙම හිතෙන අවස්ථාවල් නැද්ද? තියෙනවා. එහෙම හිතෙන හැම අවස්ථාවකම මනසින් දුසිරිතයෙහි හැසිරෙනවා.

ආත්මයක් ආත්මයක් පාසා මම පස්සෙන් එනවා...

සමහර අය ඉන්නවා කේලම් කියලා ප්‍රශ්න ඇති වුණාට පස්සේ හිතනවා, 'මම ජාති ජාතිත් උඹලගේ පස්සෙන් ඇවිත් පළිගන්නවා...' කියලා. එහෙම හිතින් හිතනවා විතරක් නොවෙයි, වචනයෙනුත් කියනවා. ඒ හැම මොහොතකම එයා වචනයෙන් දුසිරිතේ හැසිරෙනවා.

ඊළඟ භයානකම එක තමයි මිච්ඡා දිට්ඨිය. ඒ තමයි එයා පිළිගන්නේ නෑ, 'දන් දීමේ විපාක තියෙනවා' කියලා. සේවය කියන්නේ තමන් කරන රස්සාව. ඒක හරියට කළොත් පුදුමාකාර පිනක් සිද්ධ වෙනවා. දන් අපි ගත්තොත් ගුරුවරුන්ට ගුරුවෘත්තියෙන් පුළුවන් පුදුමාකාර පිනක් රැස් කරගන්න. වෛද්‍යවරයෙකුට පුළුවන් වෛද්‍ය වෘත්තියෙන් පුදුමාකාර විදිහට පින් සිද්ධ කරගන්න. කාර්යාල සේවකයකුට පුළුවන් කාර්යාල සේවයෙන් පුදුමාකාර විදිහට පින් රැස් කරගන්න. හෙදියන්ට ඒ රස්සාව හරියට කළොත් සුගතියේ යන්න පුළුවන්. ඒ වගේම වෙළෙන්දෙකුට හරියට වෙළඳාම් කරලා සුගතියේ යන්න පුළුවන්. එයා විශ්වාස කරන්න ඕනෑ, 'සේවය කිරීමෙන් පිනක් රැස් වෙනවා, මේකේ විපාක ලැබෙනවා...' කියලා. ඒක විශ්වාස කරන්නේ නැත්නම් ඒක අයිති මිථ්‍යා දෘෂ්ටියට.

සියලුම ලෝක මෙහෙ නොවෙයි...

ඊළඟට දෙමව්පියන්ට සැලකීමේ විපාක තියෙනවා කියලා පිළිගන්නේ නෑ. දුක් මහන්සි වෙලා තමන්ව හදපු දෙමව්පියන්ගේ හිත්වලට දරු සෙනෙහසක් කියලා එකක් තියෙනවා කියලා පිළිගන්නේ නැති පිරිස් ඉන්නවා. අන්න ඒක අයිති මිථ්‍යා දෘෂ්ටියට.

ඊළඟ එක තමයි ඕපපාතික උපතක් තියෙනවා කියලා පිළිගන්නේ නෑ. අන්න ඒකත් මිථ්‍යා දෘෂ්ටිය. මොකද ඒ? ඕපපාතිකව තමයි දෙවියෝ උපදින්නේ. ඕපපාතිකව තමයි පෙරේතයෝ උපදින්නේ. ඕපපාතිකව තමයි බ්‍රහ්ම ලෝකවල උපදින්නේ. ඕපපාතික උපත ප්‍රතික්ෂේප කරපු ගමන් එයා පිළිගන්නේ නෑ, දිව්‍ය ලෝක තියෙනවා කියලා. පෙරේත ලෝක තියෙනවා, නිරය තියෙනවා කියලා පිළිගන්නේ නැති නිසා බයක් නැතුව පව් කරනවා. අන්න ඒ නිසයි ඕපපාතිකව උපත පිළිගැනීම සම්මා දිට්ඨියට අයිති වෙන්නේ.

ලෝකය කියන්නේ තමන්ට පේන ටික විතරක් නොවෙයි

ඊළඟ එක තමයි මේ ලෝකෙ අවබෝධ කරපු ශ්‍රමණ බ්‍රාහ්මණවරුන් ඉන්නවා කියලා පිළිගන්නේ නෑ. සමහරු හිතාගෙන ඉන්නේ තමන්ට පෙනෙන කොටස විතරයි ලෝකය කියලා. ඒ අදහස හරිද? වැරදියිද? වැරදියි.

බුදුරජාණන් වහන්සේට පෙණුනා මේ ලෝකේ කාටවත් පෙනිච්ච නැති දේවල්. ඒ නිසා බුදුරජාණන් වහන්සේ පෙන්නලා දෙනවා, මේ විදිහට මිත්‍යා දෘෂ්ටියට

පැමිණෙන කෙනා ඊට පස්සේ ආර්යයන් වහන්සේලාට ගරහනවා. ආර්ය ධර්මයට නින්දා කරනවා. ඔන්න පව් රැස් කරගෙන මරණින් මත්තේ නිරයේ උපදිනවා.

අනේ අම්මේ ගිනි දැල් පේනවා...

බුදුරජාණන් වහන්සේ නිරයේ යන හැටි විස්තර කරනවා. නිරයේ උපදින්නේ ඕපපාතිකව. මෙතැනින් හුස්ම ටික යනකොටම නිරයේ උපදිනවා. ඉපදිච්ච ගමන්ම මෙයාව යම පිරිස ඇවිල්ලා අල්ලා ගන්නවා.

ලංකාවේ වෙච්ච සිදුවීමක් මම කියන්නම්. එක දුවක් හිටියා ඉඩකඩම් ප්‍රශ්නයකට අම්මා එක්ක වෛර බැඳගෙන. අම්මාට බැන්නා... නින්දා කළා... වෛර කර කර හිටියා. අන්තිමට හැදුණා පිළිකාවක්. මෙයා ඉස්කෝල ගුරුවරියක්. පිළිකා රෝහලින් කිව්වා 'සනීප කරන්න බෑ... ගෙදර ගෙනියන්න...' කියලා. හොඳට ඉන්න කාලේ අම්මාට ගෙදර එන්න අවසර දුන්නේ නෑ. 'ගෙදර එන්න එපා... ආවොත් ගහනවා...' කියලා තිබුණේ. ලෙඩ වුණාට පස්සේ දුවට උපස්ථාන කරන්න වුණෙත් අම්මට. දවසක් මොකද වුණේ? මේ දුව එකපාරටම ඇඳෙන් නැගිටලා, උඩ විසිවෙලා කෑ ගැහුවා. "මෙන්න අම්මේ ගේ ගිනි ගන්නවා... අන්න ගෙට ගිනි දැල් එනවා..." කියලා. අම්මා මොකද කළේ? ඉර අව්ව නිසා වෙන්න ඇති කියලා දොර වැහුවා. වහනකොට කිව්වා, "අම්මේ, මෙන්න රතු පාටට ඇඳගත්තු හතර දෙනෙක් ඇවිල්ලා මාව අදිනවා..." කියලා. එතකොටම මැරුණා. මනුස්ස ලෝකෙ ඉඳිද්දි මේක වුණේ. ඒ කියන්නේ ජීවත් වෙලා ඉඳිද්දීමයි සමහරුන්ට නිමිති පහළ වෙන්නේ.

අනේ, අපටත් එහෙම මැරෙන්න ඇත්නම්...

සමහරුන්ට එහෙම වෙන්නේ නෑ. හොඳ සනීපෙට බටර් පාන් කාලා හාන්සි වෙලා ඉන්න වෙලාවක නින්ද යනවා. එහෙම්මම මැරෙනවා. ලෝකේ මිනිස්සු ඔන්න වර්ණනා කරනවා. පාංශුකූලෙදී කියනවා, "හොඳ මරණයක්... නියම මරණයක්... සනීපෙට මැරුණා... දුක් වින්දේ නෑ... වාසනාවන්ත මරණයක්..." කියලා. නමුත් ඉපදුනේ කොහේද? ඕපපාතිකව නිරයේ.

ඉපදිච්ච ගමන් නිරි සත්තු මොකද කරන්නේ? මෙයාව අත් දෙකෙන් අල්ලගෙන ඇදගෙන යනවා. දැන් මේකෙන් අපට පේනවා, එහෙදී අපට ගැලවිල්ලක් නැතිබව.

යම රජ්ජුරුවෝ...

ඔච්චර හිතන්න ඕන නෑ. අපි පොඩි දෙයක් ගමු. අපට හීනයක් පේනවා. මේ හීනේ පේන වෙලාවට අපට පුළුවන්ද ඒක නවත්වන්න? බෑ. අකැමති දෙයක් හීනෙන් පේනවා. නමුත් ඒ වෙලාවට ඒක නවත්වන්න බෑ. දිගටම පේනවා. බලන්න කොච්චර අනාත්මයි ද කියලා.

නිරයේ ඕපපාතිකව ඉපදුණාම නිරි සත්තු ඇවිල්ලා අල්ලගෙන එක්ක යනවා. ඇදගෙන යනකොට දැන් මෙයා කරපු කර්ම පේනවා. එක්කගෙන යනවා යම රජ්ජුරුවෝ ළඟට.

බුදුරජාණන් වහන්සේ වදාළා, "මහණෙනි, නිරයට කෙනෙක් ගියාම යම රජ්ජුරුවෝ එයාගෙන් ප්‍රශ්න කරනවා..." කියලා. කොහොමද ඒ ප්‍රශ්න කරන්නේ?

"එම්බා පුරුෂය, උඹ මනුස්ස ලෝකේ ඉන්දෙද්දී දැක්කේ නැද්ද පළවෙනි දේවදූතයාව?" 'අනේ, දැක්කේ නෑ...' කියනවා. "මොනවා! උඹ මනුස්ස ලෝකෙදි දැක්කේ නැද්ද, එවේලේම උපන් දරුවෝ මළමූත්‍ර ගොඩේ වැටිලා, උඩුබැලි අතට හැරිලා ඉන්නවා දැක්කේ නැද්ද?" 'අනේ, ස්වාමීනි, දැක්කා...' "ඉතින් උඹට හිතුණේ නැද්ද, ඒ විදිහටයි මාත් ඉපදුණේ. ඉපදෙන ස්වභාවයෙන් යුක්තවමයි මම ඉන්නේ. මට ආයෙ ආයෙමත් ඉපදෙන්න සිද්ධවෙන නිසා, මම මේ වැරදි වැඩ කරන එක නවත්වලා, 'ඉක්මණට ධර්මයේ හැසිරෙන්න ඕන...' කියලා හිතුණේ නැද්ද?" දැන් මෙයාට කරපු කර්මය පේනවා. බොරු කියන්න බෑ. 'අනේ, ස්වාමීනි, බැරුව ගියා. මං ප්‍රමාදී වුණා...' කියලා කියනවා. එතකොට යම රජ්ජුරුවෝ කියනවා "එම්බා පුරුෂය, උඹට හොඳ දේවල් කරන්න බැරුව ගියා. උඹ ප්‍රමාද වුණා. කරන්න දෙයක් නෑ. ඔය කර්මය උඹ විසින් කරපු එකක්. ඔය කර්මය උඹේ පියා විසින් කරපු එකක් නොවෙයි. ඔය කර්මය උඹේ නෑදෑයින් කරපු එකක් නොවෙයි. ඔය කර්මය උඹේ සහෝදරයෙක්, සහෝදරියක් කළාත් නොවෙයි. උඹේ මිත්‍රයෝ කළාත් නොවෙයි. ඒ කර්මය ශ්‍රමණ බ්‍රාහ්මණයින් කළාත් නෙවෙයි. දෙවි කෙනෙක් කළාත් නොවෙයි. ඔය කර්මය උඹ විසින් කරගත්තු එකක්. ඒ නිසා තුඹටයි විඳින්න තියෙන්නේ..." කියලා.

ආච්චිලා, සීයලා දැකලා නැද්ද...?

ඊට පස්සේ යම රජ්ජුරුවෝ අහනවා දෙවැනි කාරණය. "එම්බා පුරුෂය, උඹ දැක්කේ නැද්ද දෙවැනි දේව දූතයාව...? 'අනේ, දැක්කේ නෑ' කියනවා. "ඇයි උඹ දැක්කේ නැද්ද... හොඳටම වයසට ගිය, අවුරුදු 80-90 ක් වෙච්ච, හැරමිටි ගගහා යන ආච්චිලා සීයලාව...? කොණ්ඩේ

ඔක්කොම ඉදිලා, දත් වැටිලා, හම රැලි වැටිලා, කුදු වෙලා ඉන්නවා උඹ දැක්කේ නැද්ද?" එතකොට කියනවා, 'අනේ, ස්වාමීනි, දැක්කා...' කියලා. යම රජ්ජුරුවෝ අහනවා "ඉතින් උඹ හිතුවේ නැද්ද, මමත් වයසට යනවා... මමත් ඔත්පල වෙනවා... මමත් දුර්වල වෙනවා... මමත් වයසට ගිහිල්ලා ඔය තත්වෙට පත්වෙන්න කලින්, 'මමත් කොහොමහරි අධර්මයෙන් වෙන් වෙලා යහපතේ හැසිරෙන්න ඕනෑ...' කියලා හිතුවේ නැද්ද?" 'එතකොට මෙයා උත්තර දෙනවා 'අනේ, ස්වාමීනි, බැරුව ගියා. මම ප්‍රමාදී වුණා...' යම රජ්ජුරුවෝ කියනවා "ප්‍රමාදී වුණා නම් කරන්න දෙයක් නෑ. මේක උඹේ මව් කළාත් නොවෙයි. පියා කළාත් නොවෙයි. සහෝදරයෙක්, සහෝදරියක් කළ දේකුත් නොවෙයි. යාළු මිත්‍රයෙක් කරපු දෙයකුත් නෙවෙයි. ශ්‍රමණ බ්‍රාහ්මණයන් කරපු දේකුත් නොවෙයි. මේ කර්මය උඹ විසින්ම කරගත්තු එකක්. ඒ නිසා උඹමම මේක විඳවන්න ඕනෑ..."

ඉස්පිරිතාලවල ලෙඩ්ඩු දැකලා නෑ...

ඊළඟට බුදුරජාණන් වහන්සේ භික්ෂූන් වහන්සේලාට කියනවා, "මහණෙනි, යම රජ්ජුරුවෝ ඒ පුද්ගලයාගෙන් තුන්වන දේවදූතයා ගැනත් අහනවා."

"එම්බා පුරුෂය, උඹ මනුස්ස ලෝකෙ ඉන්දෙද්දී දැක්කේ නැද්ද, තුන්වෙනි දේවදූතයාව...?" 'අනේ, ස්වාමීනි, දැක්කේ නෑ.' "මොනවා! උඹ දැක්කේ නැද්ද ලෙඩවෙච්ච අයව...? උඹ දැක්කේ නැද්ද මළමූත්‍ර ගොඩේ වැටිලා ඉන්න රෝගීන්ව...? උඹ දැක්කේ නැද්ද නොයෙක් ආකාරයේ ලෙඩදුක් හැදිලා දුක්විඳින මිනිස්සුන්ව...? අනුන් විසින් නැගිට්ටවන්න ඕනෑ. අනුන් විසින් කවන්න පොවන්න

ඕනෑ. එහෙම අයව උඹ දැක්කේ නැද්ද?" අනේ, ස්වාමීනි, දැක්කා.' "ඉතින් උඹ දැක්කා නම් කල්පනා කරන්න එපායෑ, 'මමත් මේ වගේ ලෙඩවෙන කෙනෙක්. මමත් මේ වගේ රෝග පීඩාවලට පත්වෙන කෙනෙක්. ඒ නිසා මගේ මේ වැරදි දේවල් ඔක්කොම අයින් කරලා, මමත් ධර්මයේ හැසිරෙන්න ඕනෑ..." කියලා. 'අනේ, ස්වාමීනි, මට බැරුව ගියා. මම ප්‍රමාදී වුණා.'

බුදුරජාණන් වහන්සේ කියනවා "මහණෙනි, යම රජ්ජුරුවෝ ඒ පුරුෂයාට කියනවා..., කරන්න දෙයක් නෑ. ප්‍රමාදි වෙච්ච කෙනෙකුට විඳවන්නයි තියෙන්නේ. ඔය කර්මය ඔබේ පියා කළාත් නොවෙයි. මව් කළාත් නොවෙයි." බලන්න යම රජ්ජුරුවෝ නඩු අහලා මේ කර්මය ඔප්පු කරවන තාලේ. මේ මනුස්ස ජීවිතේදි නම් වරදක් කරලා කාගේ හරි පිට 'මේක අසවල් කෙනා කළේ...' කියලා බේරෙන්න පුළුවන්. ඒ වුණාට හෘද සාක්ෂියෙන් බේරෙන්න බෑ. එහෙනම් අපායේ ගිහිල්ලා කටයුතු කරන්න තියෙන්නේ හෘද සාක්ෂියත් එක්ක. ඉතින් යම රජ්ජුරුවෝ කියනවා "මේ කර්මය උඹේ දරුවෝ කළාත් නොවෙයි. සහෝදරියන් විසින් කළාත් නොවෙයි. ශ්‍රමණ බ්‍රාහ්මණයන් කළාත් නොවෙයි. දෙවි කෙනෙක් කළාත් නොවෙයි. මේ කර්මය කළේ ඔබ විසින්මයි... ඒ නිසා මේක තමන්ම විඳවන්න ඕනෑ..."

ගුටිකනවා දැකලා නැද්ද...?

බලන්න මේකෙන් අපට එකක් පේනවා. යම රජ්ජුරුවෝ කියන කෙනා එකපාරටම නිරයේ දුක් විඳින්න හරි ගස්සන්නේ නෑ. ඊට පස්සේ යම රජ්ජුරුවෝ ආයෙමත් අහනවා, "එම්බා පුරුෂය, උඹ දැක්කේ නැද්ද හතරවෙනි

දේවදූතයාව...?" 'අනේ, ස්වාමීනි, නෑ....' කියනවා. "ඇයි උඹ දැක්කේ නැද්ද දඬුවම්වලට අහුවෙලා ඉන්න මිනිස්සුන්ව...? කස පහරවල් කනවා. අතපය කපනවා. ආණ්ඩුවෙන් හිරේ දානවා. වද දිදී ටයර්වල දාල පුච්චලා මැරුවා උඹ දැක්කේ නැද්ද...?" කියලා අහනවා.

සාමාන්‍යයෙන් මනුස්ස ලෝකේ වධබන්ධනවලට අහුවෙන අය පහුගිය කාලේ අපි දැකලා තියෙනවා නේ. මේ කනෙන් ඇණයක් ගහනවා ඊළඟ කනෙන් එන්න. ඔළුවට පරාල ඇණ ගහනවා. මිනිස් ලෝකේ වද මෙහෙම නම් පරලොව කොහොම ඇද්ද?

යම රජ්ජුරුවෝ මේ වද දීම ගැන කියලා අහනවා, "උඹට හිතුණේ නැද්ද, 'මම වැරදි වලින් වෙන්වෙලා ධර්මයේ හැසිරෙන්න ඕනෑ...' කියලා? 'අනේ, හිතුණේ නෑ' කියනවා. "කරන්න දෙයක් නෑ. මේ කර්මය උඹේ මව කළාත් නොවෙයි. පියා විසින් කළාත් නොවෙයි. උඹේ දරුවෙක් විසින් කළාත් නොවෙයි. සහෝදරයෙක් විසින් කළාත් නොවෙයි. සහෝදරියක් කළාත් නොවෙයි. ඤාති හිතමිත්‍රාදීන් කළාත් නොවෙයි. ශ්‍රමණ බ්‍රාහ්මණයන් කළාත් නොවෙයි. දෙවි කෙනෙක් කළාත් නොවෙයි. තමන් විසින්ම කරගත්තු දෙයක්..." කියලා කියනවා.

පෘථග්ජනයා වතුර වීදුරුවක් වගේ...

බුදුරජාණන් වහන්සේගේ දේශනාවක් තියෙනවා පෘථග්ජන කෙනා ගැන. පෘථග්ජන කෙනාගේ මානසික ස්වභාවය ගැන බුදුරජාණන් වහන්සේ උපමා කරනවා 'වතුර වීදුරුවකට'. ආර්ය ධර්මයේ හැසිරෙන නිවන් මගේ ගමන් කරන ආර්ය ශ්‍රාවකයාගේ ජීවිතය උපමා කරලා තියෙනවා 'ගංගාවකට'. බුදුරජාණන් වහන්සේ

අහනවා "පින්වත් මහණෙනි, එකම ප්‍රමාණයේ ලුණු කැට දෙකක් අරගෙන... අර වතුර වීදුරුවටයි, ගංගාවටයි දැම්මොත් මොකක්ද ඇතිවෙන වෙනස?" කියලා. භික්ෂූන් වහන්සේලා කියනවා, "ස්වාමීනි, අර වතුර වීදුරුවට දමපු ලුණු කැටය නිසා වතුර වීදුරුව ඉක්මණින්ම ලුණු රස වෙනවා. නමුත් ගඟට ලුණු කැටයක් වැටුණාට ගාණක්වත් නෑ..." කියලා. බුදුරජාණන් වහන්සේ දේශනා කරනවා, ඒ වගේ සුළු කර්මයක් නිසා පෘථග්ජන කෙනෙකුට නිරයට යන්න හේතුවෙනවා. නමුත් මාර්ගඵලලාභී කෙනෙකුට ගානක්වත් නෑ කියලා. බලන්න එතකොට ධර්මයේ හැසිරෙන කෙනාව කර්ම විපාක වලින් කොයිතරම් ආරක්ෂා කරලා දෙනවාද කියලා.

මළකුණු දැකලා නැද්ද...?

ඊළඟට යම රජ්ජුරුවෝ අහනවා පස්වන දේවදූතයා ගැන. "ඒයි පුරුෂය, මනුස්ස ලෝකේ ඉඳිද්දී, උඹ දැක්කද පස්වන දේවදූතයාව?" 'අනේ, දැක්කේ නෑ.' කියනවා. "ඇයි මනුස්සයෝ, උඹ දැක්කේ නැද්ද මනුස්සයින් මැරිලා ඉන්නවා...? කුණුවෙච්ච මළමිනී දැකලා නැද්ද?" 'දැකලා තියෙනවා.' කිව්වා. "ඉතින් උඹට හිතුණේ නැද්ද මමත් මැරෙනවා නේ. 'මමත් ඔය විදිහට මැරිලා යන එක්කෙනෙක් නෙ. මැරිලා යන්න ඉස්සෙල්ලා කොහොමහරි මම මේ වැරදිවලින් නිදහස් වෙලා, යහපත් ජීවිතයක් ගෙවන්න ඕනෑ...' කියලා හිතුවේ නැද්ද?" 'එහෙනම් කරන්න දෙයක් නෑ. ප්‍රමාද වෙච්ච කෙනෙකුට සිද්ධ වෙන්න ඕන දේ සිද්ධවෙයි. ඔය කර්මය උඹේ මව් කළාත් නොවෙයි. පියා කළාත් නොවෙයි. දරුවෙක් කළාත් නොවෙයි. සහෝදරයෙක් කළාත් නොවෙයි. සහෝදරියක් කළාත් නොවෙයි. උඹ විසින්ම කරපු දෙයක්. දැන් ඉතින් කරන්න

දෙයක් නෑ. උඹට විඳවන්න සිද්ධ වෙනවා...' කියලා යම රජ්ජුරුවෝ නිහඬ වෙනවා. පස් ආකාරයකින් සිහිපත් කරලා ඉවර වෙලයි යම රජ්ජුරුවෝ නිහඬවෙන්නේ. බේරගන්න විදිහක් තියෙනවා නම් රජ්ජුරුවෝ එයාව බේරගන්නවා.

අනිත්‍ය සිහි කරපු නිසයි බේරුණේ...

නිරයට ගිහිල්ලා යම රජ්ජුරුවන්ගෙන් බේරිලා ආපු කෙනෙක් ඉන්නවා. මේ කෙනා මහණ වෙලා ඉන්නේ. මේ කෙනාට ඒ සිද්ධිය මතකයි. එයා ජීවත් වෙලා ඉන්න කාලේ අනිත්‍ය වඩලා තියෙනවා. රජ්ජුරුවෝ මේ විදිහට ප්‍රශ්න අහලා, අන්තිමට ඇහැව්වලු 'ඇයි මෙහෙම කළේ?' කියලා. මෙයා කියලා තියෙනවා 'අනේ, මං මහණ වෙන්න හිටියේ...' කියලා. මෙයා නිරයේ දොරටුවටම ගිහිල්ලා බේරිලා ඇවිල්ලා තියෙන්නේ. බේරෙන්න හේතුව තමයි අනිත්‍ය භාවනාව වඩලා තියෙනවා. යම රජ්ජුරුවෝ කිව්වලු "උඹට පිනක් තියෙනවා, ආපසු මිනිස් ලෝකෙට යන්න..." කියලා. එතකොටම එතැන තව කෙනෙක් ඉඳලා කියලා තියෙනවා, "උඹ මිනිස් ලෝකෙට ගියාට කමක් නෑ. උඹේ ජීවිතෙන් භාගයක්ම දුක් විඳවන්න වෙයි..." කියලා.

ජීවිතෙන් භාගයක්ම දුක් විඳලයි පැවිදි වුණේ...

කොහොමහරි මේ හාමුදුරුවෝ කියනවා, 'අර ජීවිතෙන් භාගයක්ම දුක් විඳින්න වෙයි' කියලා කිව්වේ 'මාරයා' කියලා. ඒකෙන් නිදහස් වෙලා ඇවිල්ලා මෙයා උපන්නා, හරිහම්බ කරගන්න බැරි පවුලක. හැමදාම තාත්තා බීගෙන ඇවිල්ලා අම්මට ගහනවලු. මෙයාව

ඉස්කෝලෙවත් යවලා නෑ. අවුරුදු නවයෙන් ගෙදරින් පැනලා ගිහිල්ලා රස්සාවක් හොයාගෙන. රස්සාව තමයි බේකරියක පෝරණුවකට දර දාන එක. අවුරුදු ගණනක් රස්සාව කරලා තියෙන්නේ ගින්දරත් එක්ක රස්නේ වැදි වැදී තමයි. මෙයා පුංචි කාලේ මහණ වෙන්න හිතලා තියෙනවා. මෙයාට සැරින් සැරේ අර නිරයට ගිය සිද්ධිය මතක් වෙනවා. යන යන කිසිම තැනකින් මහණ කරගන්නේ නෑ. අවුරුදු 40 ක් වෙනකම්ම දුක් වින්ද අවුරුදු 40දි තමයි මහණ වුණේ. ජීවිතෙන් භාගයක්ම දුක් විඳලා. අන්තිම කාලේ මහණ වුණාට මෙයාට ධර්මය අල්ලගන්න බෑ. සැරින් සැරේ අරක මතක් වෙලා කම්පනය වගේ ඇති වෙනවා. හැබැයි හොඳට පින් දහම් කරගන්නවා. ඒ නිසා සුගතියේ යයි.

සීයට අනූනවයක් සතර අපායේ...

ඔබ හිතන විදිහට ලංකාවේ ජීවත් වෙන අයගෙන් මැරුණහම කී දෙනෙක් සුගතියේ යයිද? සීයට දශමයයි සුගතියේ යන්නේ. අනූනමයයි දශම නවයක්ම එක්කෝ නිරයේ, එක්කෝ තිරිසන් ලෝකයේ, එක්කෝ ප්‍රේත ලෝකේ. හේතුව මොකක්ද? මිථ්‍යා දෘෂ්ටියෙන් යුක්තයි. දනුත් දෙනවා. සිලුත් රකිනවා. නමුත් කේන්දර සරණ ගිහින් මිථ්‍යා දෘෂ්ටියේ ඉන්නේ. බුදුරජාණන් වහන්සේ දේශනා කරලා තියෙනවා, මිථ්‍යා දෘෂ්ටික කෙනාට උපත් දෙකයි තියෙන්නේ. එකක් තමයි නිරය. අනිත් එක තමයි තිරිසන් යෝනිය. කේන්දර, සුභ නැකැත්, සුභ නිමිති අයිති මිථ්‍යා දෘෂ්ටියට මිසක් සම්මා දිට්ඨියට නොවෙයි. මේවා සරණ යන අයට හම්බ වෙන්නේ සතර අපාය තමයි. අන්න ඒකයි රහස. මැරෙන මැරෙන අය දුගතියේ යන්නේ.

කොඳු නැති අය කේන්ද්‍රරේටම ඇදෙනවා...

හොඳට බලන්න හිතලා... මේ මිථ්‍යා දෘෂ්ටිය අතහැරලා තිසරණේට එන්න හොඳ ආත්ම ශක්තියක් තියෙන්න ඕනෑ. හොඳට හිතලා බලන්න, කේන්ද්‍රර සරණ ගිය, සුභ නිමිති සරණ ගිය අයට ඒවා අත්හැරලා තිසරණේට එන්න ලොකු සටනක් කරන්න ඕන. ඇයි ඒ? හිත බයයි. මේවා අත්හැරලා තුන්සරණේ මනාකොට පිහිටන්න ඕන. පිහිටපු ගමන් එයාට ආරක්ෂාව තියෙනවා. තුන්සරණේ අත්හැරලා කේන්ද්‍රර, නැකැත් අරගත්තු ගමන් එවේලේ ඉඳලා එයාට වරදිනවා. ඒකයි මේ ලංකාවේ අය දුගතියේ යන්නේ.

ගිනි ගත් යකඩ හුල්...

යම රජ්ජුරුවෝ නිශ්ශබ්ද වුණාට පස්සේ අර නිරයේ පාලකයෝ මෙයාව ඇදගෙන යනවා. ඇදගෙන ගිහිල්ලා වම් අතට ගහනවා, ගිනිගත්ත යකඩ හුලක්. දකුණු අතටත් ගහනවා ගිනිගත්ත යකඩ හුලක්. පපුවටත් අනිනවා ගිනිගත්ත යකඩ හුලකින්. නමුත් ඒ කර්මය අවසන් වෙනකම් මැරෙන්නේ නෑ. දැගලා දැගලා ඉන්නවා.

මේවා ගැන අහනකොටත් ඇඟේ හිරිගඩු පිපෙනවා...

ඊළඟට ආයෙමත් එතැනින් ඇදලා ගන්නවා. අරගෙන මොකද කරන්නේ? පොරොවකින් අතපය කපනවා. පොරොවකින් අතපය කපලා වෙන් කළාට පස්සේ, ඒ වේදනාවෙන් එයා දුක් විඳ විඳ ඉන්නවා, මැරෙන්නේ නෑ. ආයෙමත් ඒවා යා වෙනවා. එක්කෙනෙක් නොවෙයි වද දෙන්නේ. යම පිරිස ගොඩක් ඉන්නවා.

ඊට පස්සේ මෙයාව ඇදගෙන ගිහිල්ලා, රත්වෙච්ච යකඩ පොළොවක් තියෙනවා. මේක දිගේ ඇදගෙන යනවා. රත්වෙච්ච යකඩ රෝද තියෙන කරත්තවල නැගලා නිරය පාලකයෝ මෙයාගේ ඇඟ උඩින් එහාට මෙහාට යනවා. මේකේ වේදනාවට එයා කෑ ගහනවා. කෑ ගැහුවට ඉවර වෙන්නේ නෑ. විශාල දුක් වේදනාවක් දැනෙනවා. ඊට පස්සේ මොකද කරන්නේ, ගිනි අඟුරු පර්වතයක් තියෙනවා. කසෙන් ගගහා ගිනි අඟුරු පර්වතයට නග්ගවනවා. ඒ පර්වතයට නග්ගවලා ඉවරවෙලා කන්දෙන් පල්ලෙහාට මෙයාව තල්ලු කරනවා. මෙයා වැටෙන්නේ ගිහිල්ලා විශාල කළයකට. ඒකට කියන්නේ 'ලෝකුම්භ නිරය' කියලා. ඒ කළය ඇතුළේ තියෙන්නේ 'ලෝදිය'.

කෑම බීම තම්බනවා වගේ තමයි තමන්ගේ ශරීරයත් තැම්බෙන්නේ...

බුදුරජාණන් වහන්සේ මේ ලෝදිය කළයේ ඇතුළේ විඳින දුක ගැන හරි ලස්සනට විස්තර කරනවා. ඒකට වැටුණට පස්සේ තමන්ගේ ශරීරය පෙණ ගොඩක් බවට පත්වෙනවා. මේ ලෝදිය කළයේ ඇතුළට යනවා. උඩට එනවා. පෙණ ගොඩක් වගේ මේ ශරීරය තැම්බි තැම්බි තියෙනවා. කාලය අවසන් වෙනකම් මැරෙන්නේ නෑ. ඒ නිරයේ දුක් විඳින කාලේ අවසන් වුණාම යමපල්ලෝ බිලී කොකු වගේ කොකු දාලා මෙයාව ඇදලා ගන්නවා. ඇදලා අරගෙන වීසි කරනවා තව ලොකු ශාලාවකට. ඒකට කියන්නේ 'මහා නිරය' කියලා. බුදුරජාණන් වහන්සේ ඒක විස්තර කරනවා, 'මේකේ උඩටත්, යටටත් තියෙන්නේ තනිකර යකඩ. හතර පැත්තේ තියෙන බිත්තිත් යකඩ. මේක පුංචි එකක් නෙවෙයි. විශාල එකක්. මෙයා විතරක්

නෙවෙයි මේකේ දුක් විඳින්නේ. තව කෝටි ගාණක් ඉන්නවා මේ වගේ දුක් විඳින. මෙයත් ඒ ගොඩටම වීසි කරනවා. ඉතින් මේ නිරයේ ඉන්න අයට ඈතින් පේනවා දොරක් ඇරෙනවා. මේ අයට හිතෙන්නේ, දුවලා ගියොත් බේරෙන්න පුළුවන් කියලා. ඉතින් මේ අය ඒ පැත්තට දුවලා යනවා. එතකොටම ඒ දොරෙන් එනවා ගිනි ජාලාවක්. මේ අය ඒ ගිනි ජාලාව කාගෙන දුවනවා දොරෙන් පිටවෙන්න. එහෙම දුවනකොට අර ගින්නට හම පිච්චෙනවා. සිවිය පිච්චෙනවා. මස් පිච්චෙනවා. ඇටකටු වලින් දුම්දාන්න පටන් ගන්නවා කියලා බුදුරජාණන් වහන්සේ දේශනා කරනවා. එහෙම දුවලා දුවලා දොර ළඟට එනකොට දොර වැහෙනවා.

කර්මය නිසා මැරෙන්නේ නෑ, විඳවනවා...

ඒ පැත්තේ දොර වැහෙනකොටම පේනවා, අනිත් පැත්තෙන් දොරක් ඇරෙනවා. එතකොට මේ අය ආපසු හැරිලා දුවනවා ඒ පැත්තෙන් පැනලා බේරෙන්න. ඉතින් වේදනාවට රංචු පිටින් කෑ ගහගෙන දුවනවා අනිත් පැත්තේ දොරටුව ළඟට. දුවනකොට මොකද වෙන්නේ? අර විදිහටම ගිනි ජාලාවක් ඇවිල්ලා හම පිච්චෙනවා. නහරවැල් පිච්චෙනවා. මස් පිච්චෙනවා. ඇටකටුවලින් දුම් දානවා. ඒ දොරටුව ළඟට දුවගෙන යනකොට ඒ දොරටුවත් වැහෙනවා. අපි හිතමු, නැගෙනහිර පැත්තට දුවනකොට නැගෙනහිර පැත්තේ දොරටුව වැහුණා කියලා. ආයෙමත් හැරිලා බලනකොට බටහිර පැත්තේ දොරටුවක් ඇරිලා තියෙනවා පේනවා. ඒ පැත්තටත් දුවනවා අර ගිනි ජාලාව කාගෙන. එතකොට සම්, මස්, නහර පිච්චිලා ඇටකටුවලින් දුම් දාන්න පටන් ගන්නවා. ඒ දොරටුව ළඟට යනකොට ඒකත් වැහෙනවා. ඊට පස්සේ හැරිලා බලනකොට පේනවා

දකුණු පැත්තේ දොරටුව ඇරිලා තියෙනවා. අර විදිහටම ඒ පැත්තටත් දුවනවා. ඒ දොරටුව වැහෙනකොට පේනවා උතුරු පැත්තේ දොරටුවක් ඇරිලා තියෙනවා. සම්, මස්, නහර පිච්චෙද්දි, ඇටකටුවලින් දුම්දාද්දී ඒ පැත්තට ආයෙත් දුවනවා.

අවුරුදු දහස් ගාණක් දුක් විඳිනවා...

මේ එක දොරටුවක් දිහාවට දුවන්න අවුරුදු දහස් ගණනක් ගතවෙනවා. මෙහෙම දුවලා දුවලා ඒ නිරයේ දුක් විඳින කාලේ ඉවර වේගෙන එනකොට ආයෙමත් පේනවා නැගෙනහිර පැත්තෙන් දොරටුවක් ඇරෙනවා. ඔන්න දැන් ආයේ ඒ පැත්තට ගිනි දැල් කාගෙන සම්, මස්, නහර පිච්චෙද්දි දුම් දාගෙන දුවනවා. හැබැයි ඒ පාර ගිහින් පැනපු ගමන් ඒ දොරටුවෙන් එයා එළියට විසිවෙනවා. එළියට විසිවෙලා වැටෙනවා විශාල අසූචි වලකට.

මේ අපි දන්න පණුවෝ නෙවෙයි...

බුදුරජාණන් වහන්සේ දේශනා කරනවා ඒ අසූචි වලේ ඉන්නවා කියලා 'ඉඳිකටු' වගේ පණුවෝ ජාතියක්. දැන් මේ අය දන්නවා ඇති ඉන්ජෙක්ෂන් ගහනකොට, හම හිල් කරගෙන යනකොට සියුම් වේදනාවක් දැනෙනවා. ඉතින් මේ නිරයේ ඉන්න පණුවෝ මෙයාගේ මුළු ඇඟම වහ ගන්නවා. වහගෙන ඇස් හිල් කරනවා. නාසය හිල් කරනවා. කට හිල් කරනවා. අතපය හිල් කරනවා. මේ විදිහට මුළු ශරීරයම මස්, ඇට, ඇටමිදුළුවලටම විඳිනවා. ඊට පස්සේ ඇටමිදුළුවල තියෙන ඉස්ම බොනවා. මේකට කියන්නේ 'ගූථ නිරය' කියලා. මෙයා මේකේ දුක් විඳලා, දුක් විඳලා අමාරුවෙන් අමාරුවෙන් ඒකෙන් එතෙර වෙන්න බලනවා. මොකද කරන්නේ? ඒකෙන් එතෙර

වෙන්න බලනවා. මෙයා එතැනින් වැටෙනකොටම නිරය පාලකයෝ ඇදලා දානවා 'කුක්කුල' නිරයට. ඔබ දැකලා ඇති පන්සල්වල අඳිලා තියෙන ගස් ජාතියක්... නිරයේ තියෙනවා කියලා.

අපි හිතුවේ මේවා භය කරන්න කියපු කථා කියලා...

ධර්මය කියවන්න ඉස්සර මම හිතාගෙන හිටියේ මේවා කතන්දර වෙන්න ඇති. කවුරුහරි බයකරන්න හදපුවා වෙන්න ඇති කියලා. නමුත් බුද්ධ දේශනාවල් කියවනකොට තමයි 'මේවා ඇත්තටම තියෙන දේවල්...' කියලා මමත් සැක හැරලා තේරුම් ගත්තේ, මේවා මේ බුදුරජාණන් වහන්සේම දේශනා කරපු දේවල් තමයි කියලා. මේකෙදි උන්වහන්සේ දේශනා කරනවා ඒ නිරයේ තියෙනවා කියලා කටු තියෙන ගිනිගත්තු ගහක්. ඒකට කියන්නේ 'කටු ඉඹුල් ගහ' කියලා. ඒ ගහේ නග්ගනවා. ඒකේ දුක් විඳලා, දුක් විඳලා ඊළඟට වැටෙනවා කැලෑවකට.

අසිපත් වනය

දැන් මෙයා කැලෑවේ දුවනවා. ඒ ගස්වල තියෙන කොළ කඩු වගේ දෙපැත්ත කැපෙන කොළ ජාතියක්. ඒකට කියන්නේ 'අසිපත් වනය' කියලා. දැන් මෙයා වනයට ඇදගෙන වැටෙනකොට ඒ ගස්වල කොළ ගැලවිලා මෙයාගේ ඇඟට වැටෙනවා. එතකොට නහය කපාගෙන යනවා. අතපය කපාගෙන යනවා. ඔළුව කැපිලා යනවා. මේ වේදනා විඳ විඳ මෙයා මේ වනය පුරාම බේරෙන්න දුවනවා. දුවලා දුවලා යනකොට ඔන්න ගඟක් හම්බවෙනවා. මෙයා ගඟට දුවනවා. ඒ ගඟේ තියෙන්නේ ලුණු වතුර. ඒ ගඟේ අවුරුදු ගාණක් තැම්බි

තැම්බී ඉන්නවා. ඊට පස්සේ යමපල්ලෝ ඇවිල්ලා කොකු දාලා මෙයාව ඇදලා ගන්නවා. මාළුවෙක් බිලී කොක්කෙන් ඇදලා ගන්නවා වගේ.

යකඩ කොකු

ඇදලා අරගෙන අහනවා "උඹට මොනවද ඕනෑ...?" කියලා. 'ස්වාමීනි, මට බඩගිනියි...' කිව්වහම යම පිරිස "ආ... එහෙනම් හිටපන්..." කියලා යකඩ කොකු දෙකක් කටට දාලා කට ඇත් කරනවා. කට ඇරලා ගිනි ගුලියක් දානවා. බුදුරජාණන් වහන්සේ මේක විස්තර කරනවා. ගිනි ගුලිය දානකොට මෙයාගේ තොලත් පිච්චිලා, කටත් පිච්චිලා, උගුරත් පිච්චිලා, උගුරු දණ්ඩත් පිච්චිලා, බොකු බඩවැල් ඔක්කෝම පිච්චීගෙන ගිහිල්ලා පිටිපස්සෙන් එළියට යනවා. බඩගින්න නැතුව යනකම්ම යමපල්ලෝ මේ විදිහට ගිනි ගුලි දානවා. මෙයා වේදනාවෙන් කෑ ගගහා ඒ වේදනවා විඳවනවා. බලන්න ඒ වුණාට මැරෙන්නේ නෑ. කර්මය අවසන් වෙනකම් කර්මානුරූපව ආයෙමත් ශරීරය හැදෙනවා.

පිපාසයට ලැබෙන්නේ ලෝදිය...

ඊට පස්සේ ආයෙමත් යමපල්ලෝ මෙයාව ඇදගෙන යනවා. ගිහින් අහනවා "උඹට මොනවද ඕනෑ...?" කියලා. ඉතින් මෙයා කියනවා 'අනේ ස්වාමීනි, මට හරිම පිපාසයි...' කියලා. එහෙම කිව්වහම ආයෙමත් යකඩ කොකුවලින් කට අරිනවා. ඇරලා ඉවරවෙලා ලෝදිය වක් කරනවා. වැක්කෙරුවාට පස්සේ මෙයාගේ බඩ බොකු වැල් ඔක්කෝම පිච්චීගෙන ගිහිල්ලා පිටිපස්සෙන් එළියට යනවා. බුදුරජාණන් වහන්සේ දේශනා කරනවා "මහණෙනි, යමපල්ලෝ මෙයාව ආයෙමත් ඇදගෙන

ගිහිල්ලා හතර පැත්තෙන් යකඩ බිත්ති හතරක් තියෙන මහා නිරේට දානවා...” කියලා.

කාටද ඔහොම හිතෙන්නේ නැත්තේ... මේවා දකිනකොට...

බලන්න බුදුරජාණන් වහන්සේ යම රජ්ජුරුවන්ගේ සිතුවිල්ල පවා දකිනවා. බුදුරජාණන් වහන්සේ කියනවා, “මහණෙනි, යම රජ්ජුරුවන්ට මෙහෙම හිතුණා. මොකක්ද? අනේ මේ සත්වයෝ අකුසල් කරලා, පව් කරලා නොයෙක් ආකාරයෙන් කර්මානුරූපව දුක් විඳිනවා. අනේ, මට මේ යමරජ තනතුරෙන් නිදහස් වෙලා, මනුස්ස ලෝකේ ඉපදිලා, තථාගත අරහත් සම්මා සම්බුදුරජාණන් වහන්සේ නමක් දේශනා කරන ධර්මය, මටත් අවබෝධ කරගන්න තියෙනවා නම් කොච්චර හොඳ දෙයක්ද...” කියලා.

මේවා කියලා කවුරුවත් බය කරවන්න උන්වහන්සේට ඕන වුණේ නෑ...

ඊට පස්සේ බුදුරජාණන් වහන්සේ මේ කරපු දේශනාව පිළිබඳ ලස්සන ප්‍රකාශයක් කරනවා. ඇයි ශ්‍රද්ධාව නැති මිනිස්සු මේවා සැක කරන බව දන්නවා. බුදුරජාණන් වහන්සේ දේශනා කරනවා, **(තං බෝ පන අහං භික්ඛවේ)** “පින්වත් මහණෙනි, මම මේ කියපුවා... **(නාඤ්ඤස්ස සමණස්ස වා බ්‍රාහ්මණස්ස වා සුත්වා වදාමි.)** මම කාගෙන්වත් අහලා කියපු දේවලා දේවල් නොවෙයි. **(අපි ච යදේව මේ සාමඤ්ඤාතං)** මම අවබෝධ කරගත්තු දේවල්මයි. **(සාමං දිට්ඨං)** මම දැකපු දේවල්මයි. **(සාම විදිතං)** මම ප්‍රත්‍යක්ෂ කරපු දේවල් මයි. **(තමේවාහං වදාමි)** මම ඔබට කිව්වේ...” කියලා.

ප්‍රඥාවන්තයාට විතරමයි තේරෙන්නේ...

දැන් බලන්න මේ දේශනාවල් කියවනකොට තේරෙනවාද සෝතාපන්න වීමේ තියෙන වටිනාකම. දැන් ඔබ ගැනම මධ්‍යස්ථව හිතන්න මේක මේ විදිහට කර්මානුරූපව සිද්ධවෙනවා නම් ඔබ හිතන විදිහට අපි පෙර ජීවිතවල නිරයේ ඉපදිච්ච අයද? නැද්ද? ඉපදිච්ච අය. මේ කියපු දුක් ඔක්කෝම විඳපු අය. නමුත් අපට ඒක මතක නැති එක විතරයි තියෙන්නේ. කොහොමහරි අපි කාගෙත් පින මතුවෙලා මනුස්ස ලෝකෙට ආවා. බලන්න මෙච්චර දේවල් වලින් ගැලවිලා මේ මිනිස් ලෝකෙට ඇවිල්ලා ආයෙමත් මිත්‍යා දෘෂ්ටි ගොඩකට අහුවෙලා නේද? බලන්න මේ විදිහේ සංසාර ගමනක් නම් යන්න තියෙන්නේ අපට මොන කේන්දරද? මොන සුභ නැකැත්ද? මොන අපලද?

ඇයි යම රජ්ජුරුවෝ ගාවට ගියාට පස්සේ කේන්දරේ බලනවද? නෑ. මෙයාගේ මිනිය වැළලුවේ නැකතටද කියලා බලනවද? නෑ. ගියාට පස්සේ තියෙන එකම කේන්දරේ තමයි සිතින් සිතපු දේවල්, වචනයෙන් කියපු දේවල්, කයින් කරපු දේවල්.

නිවන තමයි අපි කාටත් සැනසීම...

මෙහෙම බලනකොට අපේ ජීවිතවලට ධර්මය හැර වෙන කිසිම පිළිසරණක් දන්නේ නෑ. වෙන කිසිම ආරක්ෂාවක් නෑ. මොකද අපි දන්නේ නෑ කොහොම අවසන් වෙයිද කියලා දන්නේ නෑ. කොහේ ඉඳලා මිනිස් ලෝකෙට ආවද කියලා දන්නේ නෑ. නමුත් දැන් අපි මිනිස් ලෝකෙට ඇවිල්ලා ඉන්නවා. අපේ මුතුන්මිත්තෝ අපට මිත්‍යා දෘෂ්ටි පුරුදු කරලා, අපිත් පිස්සෝ වගේ හණ මිටි

කර ගහගෙන... කේන්දර, සුභ නිමිති, සුභ නැකැත් පස්සේ ගියා.

නමුත් අපේ වාසනාවට බුදුරජාණන් වහන්සේ නමක් මුණගැසුණා. ඒ ශ්‍රී සද්ධර්මය අහන්න ලැබුණා. අපිට ධර්මය මුණ නොගැහුණා නම් අන්ධයෝ වගේ තාමත් ඒවා පස්සේ යනවා.

නියපොත්තට ගත්ත පස් ටිකක් වගේ...

නමුත් අපි දන්නේ නෑ මරණයට පත්වෙලා ගිහින් උපදිනකම්ම. බුදුරජාණන් වහන්සේ නියපොත්තට පස්චුට්ටක් අරගෙන මෙන්න මෙහෙම වදාළා. නිරේට වැටිච්ච කෙනෙක් මිනිස් ලෝකෙට ආයෙමත් එනවා නම් නියපොත්තට ගත්තු පස් චුට්ටක් ටික වගේ ඉතාම සුළු පිරිසයි කිව්වා. ඒකේ තේරුම මොකක්ද? නිරයට වැටිච්ච කෙනෙක් ආයෙත් ලේසියෙන් මිනිස් ලෝකෙට එන්නේ නෑ. අන්න ඒ කාරණයේදී උන්වහන්සේ තව උපමාවක් වදාළා. ඔබ අහලා ඇති ඒ උපමාව. කණ කැස්බෑවෙක් විය සිදුරෙන් අහස බලනවා වගේ කියලා.

මැරෙන ඔක්කොම ගන්ධබ්බයෝද...?

සංයුත්ත නිකායේ 'ජිග්ගල' කියන සූත්‍රයේදී බුදුරජාණන් වහන්සේ පෙන්වා දුන්නා, මනුස්සයෙක් එක වතාවක් නිරේ වැටුණොත් ආයෙමත් මනුස්සයෙක් වෙලා උපදිනවාට වඩා කණ කැස්බෑවෙක් වියසිදුරෙන් අහස බලන එක ලේසියි කියලා. එතකොට අපි දන්නවා අපේ ඤාති මිත්‍රාදීන් මැරුණා. අපි ඔක්කෝම හිතාගෙන ඉන්නේ ඒ ඔක්කෝම අන්තරා භවයේ කියලා නේද? ආයේ මනුස්ස ආත්මයක් ලැබෙනකම් ගන්ධබ්බයෙක් වෙලා රවුම් ගගහා ඇති කියලා තමයි බොහෝ අය සිතාගෙන

ඉන්නේ. නමුත් සත්‍ය තත්වය ඊට හාත්පසින්ම වෙනස් එකක්. මරණයට පත්වෙච්ච ගමන් එක්කෝ එයා ගිහිල්ලා උපදිනවා බිත්තරයක් අස්සේ. ඒකට කියන්නේ අණ්ඩජ උපත. එක්කෝ මරණයට පත්වෙච්ච ගමන් ගිහින් උපදිනවා තෙත් පරිසරයක. එක්කෝ වැසිකිලියක, කුණු කාණුවක, බඩ බොකුවැල් අස්සේ, පිළුණු ආහාරවල උපදිනවා. ඒකට කියන්නේ සංසේදජ උපත. සමහරු මරණයට පත්වෙච්ච ගමන් ඕපපාතිකව නිරේ උපදිනවා. එක්කෝ පෙරේත ලෝකේ. එක්කෝ දිව්‍ය ලෝකේ ඕපපාතිකව උපදිනවා.

දීර්ඝතම සංචාරකයෝ අපියි සංසාරේ...

මව් කුසකට එන කෙනෙක් විතරක් කලාතුරකින් භූත ආත්මයක් ලැබිලා ටික කාලයක් ඉන්න පුළුවන්. නමුත් මේ සත්වයා භවයෙන් භවයට ගමන් කරන්නේ මේ විදිහටයි. මනුස්ස ජීවිතයෙන් නිරයට, නිරයෙන් තිරිසන් ලෝකෙට, තිරිසන් ලෝකෙන් පෙරේත ලෝකෙට, පෙරේත ලෝකෙන් ආයෙමත් සමහර විට තිරිසන් ලෝකෙට... සමහර සත්වයෝ කල්ප ගාණක් සතර අපායේම ඉපදි ඉපදී ඉඳලා කලාතුරකින් තමයි මනුස්ස ලෝකෙට, දිව්‍ය ලෝකෙට එන්නේ. මේ විදිහට යන ගමන අර්ථවත් එකක් කියලා ද ඔබ හිතන්නේ. අවබෝධයක් නැති නිසා යන ගමනක්.

අපට දැන්ම නිවන් දකින්න ඕන නෑ... සතර අපායේ යන්න ඕනෑ...

මේක හැදෙන්නේ පටිච්චසමුප්පාදය තුළ. මේ දුක අවබෝධ කළොත් එයා පටිච්චසමුප්පාදය අවබෝධ කරගන්නවා. පටිච්චසමුප්පාදය අවබෝධ කළොත් එයා දුක අවබෝධ කරගන්නවා. ඒකයි බුදුරජාණන් වහන්සේ

පෙන්නලා දුන්නේ, 'හිස ගිනිගත්ත කෙනෙක් ඒ ගින්න නිවන්න මහන්සි ගන්නවා වගේ, චතුරාර්ය සත්‍ය අවබෝධ කරගන්න මහන්සි ගන්න...' කියලා.

ඔබ අහලා ඇති, සමහර අයට ධර්මය කරායන්න කිව්වාම ඒ අය කියනවා, "අනේ, අපට තවම බෑ. තව කල් තියෙනවා...." එක්කෝ කියනවා, "අපට විවේක නෑ ධර්මයේ හැසිරෙන්න..." සමහරු කියනවා, "අපට දූන්ම නිවන් දකින්න බෑ. අපට වැඩ තියෙනවා..." කියලා. බලන්න බුදුරජාණන් වහන්සේටත් කියන්න තිබුණ නේ, 'පස්සේ ධර්මයේ හැසිරෙන්න...' කියලා. උන්වහන්සේ එහෙම දේශනා කරන්නේ නැතුව, හිස ගිනිගත්තු කෙනෙක් ඒ ගින්න නිවන්න මහන්සි ගන්නවා වගේ හදිස්සි වෙන්න කිව්වේ, උන්වහන්සේ මේ සංසාරේ ස්වභාවය දන්න නිසා.

පුංචි වරදක් ඇති සතර අපායේ වැටෙන්න...

චතුරාර්ය සත්‍ය ධර්මය අවබෝධ කරගන්න බැරි වුණ කෙනාට නිරයට යන්න තියෙන ඉඩකඩ වැඩියි. ඒකයි මම කිව්වේ 'පෘථග්ජනයාගේ ජීවිතය හරියට වතුර වීදුරුවක් වගේ. ආර්ය මාර්ගයට පැමිණිච්ච ආර්ය ශ්‍රාවකයාගේ ජීවිතය හරියට ගඟක් වගේ...' කියලා. ගඟක් වගේ සිතක් තියෙන ජීවිතේට තමයි තරමක හරි ආරක්ෂාවක් තියෙන්නේ.

පහන පත්තු නොකෙරුවාට බය වෙන්නට එපා රෑට

සමහරවිට අපේ ජීවිතයට ආරක්ෂාවක් කියලා හිතාගෙන ඉන්න දේවල්මයි ප්‍රශ්න වෙන්නේ. මට ඊයේ

කෙනෙක් කිව්වා, "අනේ, ස්වාමීන් වහන්ස, මම අවුරුදු ගාණක් තිස්සේ පහන් පිළිවෙත් ක්‍රමයක් කරනවා. මේ ධර්මයට පැමිණුනාට පස්සේ මට තේරුණා, 'ඒක මිථ්‍යා දෘෂ්ටියක්' කියලා. මට දැන් ඒක අත්හරින්න ඕනෑ. ඒ වුණාට අත්හරින්න බයයි..." කියලා. දැන් බලන්න ආරක්ෂාවක් කියලා හිතාගෙන හිටපු දේම තමන්ට බියක් ඇති කරනවා. දැක්කද මිථ්‍යා දෘෂ්ටි කරපුවාම තියෙන භයානකකම... නවත්වන්න බයයි.

අපේ කොන්ද පණ නෑ... අපට සුබ නැකැත් ඕනෑ...

බලන්න වැඩක් පටන්ගන්න ඉස්සෙල්ලා සුබ නැකැත් හොයනවා. නැකතට පහන් පත්තු කරනවා. මේවා එකක්වත් එහෙ මෙහේ වෙච්ච ගමන් ඉතින් නින්ද යන්නේ නෑ. බලන්න තමන්ට ආරක්ෂාවක් කියලා හිතන මිථ්‍යා දෘෂ්ටිය තමන්ටම බය ඇති කරලා දෙන හැටි. මේ මිථ්‍යා දෘෂ්ටිය නිසා කී දෙනෙක් නම් ධර්මය අවබෝධ කරගන්න තියෙන අවස්ථාව අහිමි කරගන්නවාද? ඕව කර කර ඉඳලා මැරුණට පස්සේ අපි දන්නේ නෑ. එක්කො තිරිසන් ලෝකේ යයි. එක්කො පෙරේත ලෝකෙ යයි. පෙරේතයෙක් වුණොත් අඩුගාණේ පිනක් හරි අනුමෝදන් කරන්න පුළුවන්. නිරයේ ගියොත් ඉවරයි.

හැමෝම පින් ගන්නේ නෑ...

'ජාණුස්සෝනි' කියන බ්‍රාහ්මණයා බුදුරජාණන් වහන්සේගෙන් ඇහැව්වා. "ස්වාමීනි, මරණයට පත්වෙච්ච අයට පින් අනුමෝදන් කරනවා. ඒ සියලුදෙනාම පින් ගන්නවාද?" කියලා. 'නැහැ' කිව්වා. "මැරිච්ච එක්කෙනා

නිරයේ නම් එහේ ගිනි ගුලි කකා ඉන්නවා. ආයේ පින් ගන්න එන්නේ නෑ. මැරිච්ච එක්කෙනා තිරිසන් ලෝකේ නම්, තිරිසන් ලෝකේ තියෙන දේ කකා බිබී ඉන්නවා. පින්ගන්න එන්නේ නෑ. මැරිච්ච කෙනා මිනිස් ලෝකෙ නම්, මිනිස් ලෝකේ තියෙන දේ කකා බිබී ඉන්නවා. එයා පින් ගන්න එන්නේ නෑ. මැරිච්ච එක්කෙනා දෙවියන් අතර ඉපදිලා නම්, එයා දිව්‍ය භෝජන අනුභව කරලා ඉන්නවා. පින් ගන්න එච්චර වුවමනාවක් නෑ. මැරිච්ච එක්කෙනා පෙරේතයක් වුණොත් විතරයි පින් ගන්න එන්නේ..." කියලා බුදුරජාණන් වහන්සේ වදාළේ.

තමාට පිහිට තමා ම ය...

ඔබ හිතනවද මැරෙන සියලුදෙනාම පෙරේතයෝ විතරක් වෙනවා කියලා. එහෙම වෙන්නේ නෑ. අනිත් අය ගැන අපි පැත්තකින් තියලා අපි ගැනම හිතමු. අපට සියලුදෙනාම සුගතියේ කැඳවාගෙන යන්න බෑ. නමුත් අපට පුළුවන් අපි ගැන හිතලා අපේ ජීවිතයට ආරක්ෂාවක් සලසගන්න. තමන්ගේ ජීවිතයට ආරක්ෂාවක් සලසගන්නේ මෙහෙමයි. තමන්ට තියෙන්න ඕනෑ නොසෙල්වෙන විදිහේ ශ්‍රද්ධාවක් තිසරණය කෙරෙහි පිහිටුවාගෙන. එයාගේ ජීවිතයට තියෙන ආරක්ෂාව තහවුරු කරලා, බුදුරජාණන් වහන්සේ මේ විදිහට දේශනා කරනවා, **(යේ කේචි බුද්ධං සරණං ගතාසේ න තේ ගමිස්සන්ති අපායං)** "යම්කිසි කෙනෙක් මුළු හදවතින් ම බුදුරජාණන් වහන්සේ පමණක් සරණ ගියොත්, ශ්‍රී සද්ධර්මය පමණක් සරණ ගියොත්, ශ්‍රාවක සංඝරත්නය පමණක් සරණ ගියොත් ඒ කෙනා අපායේ යන්නේ නෑ..." කියලා. **(පහාය මානුසං දේහං)** මිනිස් දේහය අත්හැරලා, **(දේවකායා පරිපූරෙස්සන්ති)** දිව්‍ය ලෝකේ උපතක් කරා යන යනවා.

අන්‍ය ආගමක ඉපදුණොත් ඉවරයි...

දැන් බලන්න දිව්‍ය ලෝකේ උපදින එකත් ලේසි වැඩක් නෙවෙයි. ආයේ මනුස්සයෙක් වෙනවා කියන එකත් ලේසි වැඩක් නෙවෙයි. බැරිවෙලාවත් අනාගතේ මනුස්සයෙක් වෙලා වෙන ආගමක ඉපදුණොත් ඊට පස්සේ අර මිථ්‍යා දෘෂ්ටිය තමයි අදහන්නේ. බෞද්ධ නොවන සිංහල පවුලක ඉපදුනොත් ඒත් ඉවරයි. කේන්දර අදහන්න පටන් ගන්නවා. දේවාල පස්සේ යන්න, බහිරව පූජාවල් තිය තියා, නැකතට වැඩකරන්න තමයි තියෙන්නේ. බැරිවෙලාවත් මුස්ලිම් වුණොත් ඔළුවේ ඉඳන් වහගෙන, අහසට අත දික්කරගෙන ඉන්න වෙන්නේ. අන්තිමට බලනකොට ඔය මිථ්‍යා දෘෂ්ටි ඔක්කෝම එකයි.

අඳුර බිඳ ආලෝකය කරා...

දැන් බලන්න අඳුර නම් ඒක අඳුරමයි. එළිය එළියමයි. අඳුරයි, එළියයි එකට තියෙන්න පුළුවන්ද? බැහැ. එළිය එනකොට අඳුර යනවා. අඳුර එනකොට එළිය යනවා. ඒ වගේ තමයි, කේන්දරත් බලාගෙන, නැකතුත් හදාගෙන, කිරිත් උතුරවාගෙන තිසරණේ පිහිටන්න බෑ. සම්මා දිට්ඨිය නම් සම්මා දිට්ඨිය විතරයි. සම්මා දිට්ඨිය, මිථ්‍යා දෘෂ්ටිය දෙකම කලවම් කරගෙන මේක කරන්න බෑ. තිසරණේ නම් තිසරණේ විතරමයි.

ඔබට කරුණාවෙන්මයි මේ කියන්නේ...

මට කේන්දරේ එක්ක පෞද්ගලික අමනාපයක් නෑ. මොකද මට කෙනෙක් කේන්දර බැලුවා කියලා ලාබෙකුත් නැහැ. පාඩුවකුත් නැහැ. මට ඒක අදාළත් නැහැ. නමුත් මං මේවා කියන්නේ ඒකෙන් පැහැදිලිවම ඔබට වෙන

පාඩුවක් නිසා. කේන්ද්‍රේ තියෙනකම් ඔබට තිසරණයට එන්න බෑ. තිසරණයට එන්න නම්, තමන්ගේ ආරක්ෂකයා තිසරණය බවට පත්වෙන්න ඕන. තමන්ට බියක්, තැති ගැනීමක්, ශෝකයක් ඇතිවෙච්ච වෙලාවට සිහිවෙන්න ඕන තිසරණයයි.

අපි හිතමු කෙනෙක් ලෙඩ වෙනවා. එයාටත් සිහිවෙන්න ඕනෑ තිසරණය. එයාට රෝගය උත්සන්න වෙනවා. එයා කායික රෝගයට වෛද්‍ය ප්‍රතිකාර ලබා ගන්න ගමන්ම සිහිකරන්න ඕනේ ධර්මය... 'මේක තමයි ජීවිතේ හැටි' කියලා. බුදුරජාණන් වහන්සේ මේ ජීවිතේ ගැන මේ මේ විදිහටයි පෙන්නලා දීලා තියෙන්නේ කියලා. අන්න එතකොට තමයි එයා ධර්මය කරා යන්නේ.

අනේ අපිව දාලා යන්න එපෝ...

අපි හිතමු කෙනෙක් මැරුණා. පිරිස වටවෙලා අඬනවා. සිහිවෙන්න ඕනෑ මොකක්ද? ඒත් තිසරණයමයි. 'මම දැන් මේ විඳින්නේ ප්‍රියයන්ගෙන් වෙන් වීමේ දුක නේද? මං කොච්චර කාලයක් මේ දුක විඳින්නද...?' කියලා. අන්න තමන්ට තමන් ගැන හිතන්න තියෙන අවස්ථාවක්.

ඔබ අහලා තියෙනවාද මළ ගෙදරක කවුරුවත් මෙහෙම අඬනවා, 'ප්‍රියයන්ගෙන් වෙන්වීම දුකයි...' කියලා බුදුරජාණන් වහන්සේ කිව්ව ඒක ඇත්තක්. ඒක ඇත්තක් බවට මට දැන් තේරෙනවා...' එහෙම නෙවෙයි අඬන්නේ. මළමිනිය බදාගෙන හොල්ලනවා. 'අනේ! අපිව දාලා යන්න එපා! කියන්න ආයේ කවදාද එන්නේ?' මොකක්ද එතැන තියෙන්නේ? තනිකරම අවිද්‍යාව. යථාර්ථයෙන් තොර එකක්. බැරිවෙලාවත් මළමිනිය නැගිට්ටොත්... 'හා! හා! කලබල වෙන්න එපා...' කියලා, මොනවා කරයිද? වැඳ වැඳ

සී සී කඩ දුවයි. "නෑ නෑ මං විහිළුවට කිව්වේ..." කියලා. අන්න ඒ ජාතියේ එකක් මේ මිනිස්සුන්ගේ ඇඬිල්ල.

මතක් කර කර අඬන්න ඕනෑ දේවල් මෙන්න...

අවබෝධයක් තුළින් ජීවිතය ගැන බැලුවොත් අඬනවා නම් අඬන්න තියෙන්නේ මෙන්න මේවාට. අපේ හිතේ ඇතිවන අකුසල් ගැන හිතලා, පංච නීවරණ යටපත් වෙන්නේ නැති එක ගැන හිතලා එහෙම නැත්නම් අඬන්න තියෙන්නේ චතුරාර්ය සත්‍ය අවබෝධ කරගන්න ප්‍රමාදීවීම ගැන හිතලා. අපේ ජීවිත ගැටළුව දිහා බැලුවහම අපේ ජීවිතයට ආරක්ෂාවක්, රැකවරණයක්, පිළිසරණක් තියෙන්නේ චතුරාර්ය සත්‍ය අවබෝධ කරගත්තොත් විතරයි.

ඉතින් ඒ නිසා අපි සියලු දෙනාම දැඩි ලෙස අධිෂ්ඨාන කරගනිමු. මේ බුද්ධ ශාසනයේ මේ ජීවිතය තුළ චතුරාර්ය සත්‍ය ධර්මය අවබෝධ කර ගැනීමේ වාසනාව ලැබේවා කියලා.

සාදු! සාදු!! සාදු!!!

නමෝ තස්ස භගවතෝ අරහතෝ සම්මාසම්බුද්ධස්ස
ඒ භාග්‍යවත් අරහත් සම්මා සම්බුදුරජාණන් වහන්සේට නමස්කාර වේවා!

02.
අනුත්තරිය සූත්‍රය

(අංගුත්තර නිකාය - ඡක්ක නිපාතය)

ශ්‍රද්ධාවන්ත පින්වතුනි,

අපි අද ඉගෙනගන්නේ අංගුත්තර නිකායට අයිති සූත්‍ර දේශනයක්. මේ දේශනාවේ නම 'අනුත්තරිය සූත්‍රය'. ඒකේ තේරුම තමයි ශ්‍රේෂ්ඨත්වයට පත් කරවනවා කියන එක. උන්වහන්සේ ඒක මේ විදිහට විස්තර කරනවා.

අපේ ජීවිතවලදී අපි එක එක දේවල් බලන්න යනවා. අපි වැව්, පොකුණු බලන්න යනවා. සත්තු බලන්න යනවා. චිත්‍රපටි බලන්න යනවා. උත්සව බලන්න යනවා. මිනිස්සු ගෝනිවල බැහැලා දුවනවා බලන්න යනවා. අවුරුදු උත්සවවල රබන් ගහනවා බලන්න යනවා. මිනිස්සු නටනවා බලන්න යනවා. මේ විදිහේ එක එක දේවල් අපි බලන්න යනවා.

මොකටද ඕවා බලලා...

බුදුරජාණන් වහන්සේ දේශනා කරනවා, සමහරු බලන්න යනවා මිත්‍යා දෘෂ්ටික ශ්‍රමණ බ්‍රාහ්මණවරු. දැන් ඔන්න දේවාලවලට යනවා. ඒවා බැලුවා කියලා අපට යහපතක් වෙනවද? නෑ. නැටුම් ගැයුම් බැලුවා කියලා, සත්තුන්ව බැලුවා කියලා අපි ශ්‍රේෂ්ඨත්වයට පත්වෙනවද? නැහැ. සමහරු ලෝකේ නගර බලන්න යනවා. සමහරු මුහුද බලන්න යනවා. බුදුරජාණන් වහන්සේ පෙන්වා දෙනවා 'ඒ බලන දේවල් හීනයි. ග්‍රාම්‍යයි. ග්‍රාම්‍යයි කියන්නේ බොළඳයි. පෘථග්ජනයින්ටයි ඒවා ඔක්කෝම අයිති. (අනරියෝ) ශ්‍රේෂ්ඨ නෑ. (අනත්ථසංහිතෝ) අයහපත පිණිස පවතිනවා.

ප්‍රේමයේ සංකේතය සොහොනද...?

ඉන්දියාවේ ලෝක ප්‍රසිද්ධ ලොකු සොහොනක් තියෙනවා. මොකක්ද ඒ සොහොන? ටජ් මහල්. වන්දනාවේ යන අපේ අය ඔය සොහොන බලන්න යනවා. ඉතින් ඔය සොහොන බලන්න මම ගියාම... ඉස්සෙල්ලාම මම කල්පනා කරන්න පටන්ගත්තා, 'මොකක්ද මේ බැලිල්ලේ තේරුම...?' කියලා. එදාම ඒ සොහොන බැලිල්ල එපා වුණා. එදායින් පස්සේ මම කිසිම කෙනෙකුට ටජ්මහල් බලන්න යන්න කියන්නේ නෑ. ඒ සොහොන හදන්න මහන්සි වෙලා තියෙනවා වහල්ලු 25,000 ක්. අහිංසක මිනිස්සුන්ගේ දුක් කඳුළු තමයි ඒකේ තියෙන්නේ. නමුත් ඒ මිනිස්සු ඒක හදද්දී දුක් විඳපුවා කතා කරන්නේ නෑ. ඒක මොකේ සංකේතය කියලද කියන්නේ? ප්‍රේමයේ සංකේතය ලු! ඊළඟට ඒක සැලසුම් කරපු ඉංජිනේරු ශිල්පියාට මොකද කළේ? ඇස් අන්ධ කළා, ආයේ ඒ

ජාතියේ එකක් හදන්න බැරි වෙන්න. ඉතින් එතකොට ඒක හීන නැද්ද? හීනයි. ග්‍රාම්‍යයි. පෘථග්ජනයින්ටයි අයිති. ශ්‍රේෂ්ඨ නෑ. අනර්ථය පිණිසයි පවතින්නේ. නමුත් ඒවාමයි ලෝකයා අගේ කරන්නේ. ඒ මොකද? ඊට වඩා හරවත් දෙයක් ගැන හිතන්නේ නැති නිසා.

ඔන්න බලනවා නම් බලන්න යන්න...

බුදුරජාණන් වහන්සේ පෙන්වා දෙනවා, "යම්කිසි කෙනෙක් තථාගතයන් වහන්සේව බලන්න ගියොත්, නැත්නම් තථාගත ශ්‍රාවකයෙක් බලන්න ගියොත්, අන්න එයා ජීවිතේට අර්ථය ලබාගන්නවා. ජීවිතේට වුවමනා කරන හැබෑම දේ ලබාගන්නවා.

බුදුරජාණන් වහන්සේගේ කාලේ හිටියා එක බ්‍රාහ්මණයෙක්. එයාගේ නම් 'බ්‍රහ්මායු'. එයාට වයස අවුරුදු 120 යි. මිථිලා කියන නගරයේ හිටියේ. ඉතින් එයාට බුදුරජාණන් වහන්සේ බලන්න ලැබුණා අවුරුදු 120 ක් හිටිය නිසා. බැරිවෙලාවත් අවුරුදු අසූවක්, අනූවක් හිටියා නම් දකින්න හම්බවෙන්නේ නෑ. මෙයා හරි ප්‍රසිද්ධ මහා සම්භාවනීය බමුණෙක්.

බලන්න දෙයක් නෑ... මා තුළ තියෙනවා...

බුදුරජාණන් වහන්සේව දකින්න මෙයා ගිහිල්ලා විමසලා බැලුවා මහා පුරිස ලක්ෂණ. බුදුරජාණන් වහන්සේ ඉතින් මේ මහා පුරිස ලක්ෂණ ඔක්කෝම මෙයාට පේන්න සැලැස්සුවා ඉර්ධි බලයෙන්. මෙයා තවදුරටත් බුදුරජාණන් වහන්සේ දිහාම බලාගෙන ඉන්නවා. බුදුරජාණන් වහන්සේ වදාළා, "බ්‍රාහ්මණය, මේ මහා පුරුෂ ලක්ෂණ තිස් දෙකම මා තුළ තියෙනවා. ඒ නිසා ඔබ සැක කරන්න එපා..."

කියලා. ඊට පස්සේ උන්වහන්සේ ඒ බමුණාට කියනවා, "බ්‍රාහ්මණය, අවබෝධ කරන්න ඕන දේවල් මං අවබෝධ කළා. ප්‍රහාණය කළ යුතු දේවල් ඔක්කෝම මං ප්‍රහාණය කළා. සිතෙන් ඉවත් කළ යුතු දේවල් ඔක්කෝම ඉවත් කළා. භාවනා වශයෙන් වැඩිය යුතු දේවල් ඔක්කෝම මම වැඩුවා ඒ නිසා මම 'බුද්ධ' කියලා උන්වහන්සේව හඳුන්වලා දුන්නා.

සැක හැර අසන්න ධර්මය...

ඊට පස්සේ උන්වහන්සේ ඒ බමුණාට කියනවා, "බ්‍රාහ්මණය, මෙලොව, පරලොව දෙකට යහපත පිණිස පවතින දේවල් ඔබට ප්‍රශ්න හැටියට තියෙනවා නම් අහන්න..." කියලා.

ඉතින් බ්‍රහ්මායු බ්‍රාහ්මණයා දැකිය යුතු ශ්‍රේෂ්ඨ දෙයක් දැක්කා. ඒ තමයි බුදුරජාණන් වහන්සේව. දැකලා ඔන්න ඇහැව්වා, "මේ ලෝකේ කවුද 'බ්‍රාහ්මණ' කියන්නේ? මේ ලෝකේ කාටද 'ඥාණයෙන් පරතෙරට පත් කෙනා' කියලා කියන්නේ? මේ ලෝකේ කාටද 'සම්පූර්ණ වෙච්ච කෙනා' කියලා කියන්නේ? මේ ලෝකේ කවුද 'බුද්ධ' කියන්නේ? 'මුනි' කියන්නේ කවුද?" කියලා විස්තර ඇහැව්වා.

වඳිමි බැතින් මම් සිරි පා....

බුදුරජාණන් වහන්සේ විස්තර කරලා දුන්නා, "යම්කිසි කෙනෙකුට පෙර විසූ කඳ පිළිවෙල දකින්න පුළුවන් නම්, සත්වයන් චුතවෙලා සුගතියේ උපදින හැටිත්, දුගතියේ උපදින හැටිත් දකින්න පුළුවන් නම්, සියලු කෙලෙස් ප්‍රහාණය වෙලා නම්, ඉපදෙන මැරෙන සංසාරේ එයාට නැත්නම් අන්න එයා තමයි 'බුද්ධ'

කියලා කියන්නේ." එතකොටම මේ බ්‍රහ්මායු බ්‍රාහ්මණයට තේරුණා තමන් හිටගෙන ඉන්නේ බුදුරජාණන් වහන්සේ නමක් ඉදිරියේ කියලා. එයා බිම වැටුණා. වැටිලා සිරිපතුල් දෙක අතින් අත ගගා කියන්න පටන් ගත්තා, "ස්වාමීනි, මම බ්‍රහ්මායු බ්‍රාහ්මණයා... මම බ්‍රහ්මායු බ්‍රාහ්මණයා..." කියලා. ඊට පස්සේ බුදුරජාණන් වහන්සේ එයාට නැගිටින්න කිව්වා, 'හා... හා... ඇති...' කියලා. උන්වහන්සේ ධර්මය දේශනා කළා. ඒ ධර්ම දේශනාව අවසන් වෙනකොට ඒ බ්‍රාහ්මණයා සෝතාපන්න වුණා.

තරුණ මහළු කොයි කාටත්...

බුදුරජාණන් වහන්සේ ඇතුළු භික්ෂූන් වහන්සේලාට දවස් හතක්ම ඒ ගෙදර දන් දුන්නා. ඊට ටික කාලෙකට පස්සේ මෙයා මරණයට පත්වුණා. භික්ෂූන් වහන්සේලා ඇහැව්වා "ස්වාමීනි, බ්‍රහ්මායු බ්‍රාහ්මණයා මරණයට පත්වුණා. එයා කොහේද උපන්නේ?" කියලා. "එයා අනාගාමී වුණා..." කියලා බුදුරජාණන් වහන්සේ කිව්වා. එතකොට බලන්න අවුරුදු 120 දි තමයි ධර්මය අවබෝධ කළේ. බුදුරජාණන් වහන්සේව මුණගැහිලා වැඩි දවසක් මෙයා ජීවත් වුණේ නෑ. ඒ සුළු කාලෙදී ශ්‍රේෂ්ඨත්වයට පත්වුණා. දකින දේවල් අතර බුදුරජාණන් වහන්සේ නමක් දකගැනීමමයි ශ්‍රේෂ්ඨ. එහෙම නැත්නම් බුදුරජාණන් වහන්සේගේ ශ්‍රාවකයන් වහන්සේ නමක් දකගන්න ලැබීමයි ශ්‍රේෂ්ඨ. ඒක තමයි දස්සනානුත්තරිය. දකීමෙන් ශ්‍රේෂ්ඨත්වයට පත්වෙන්නේ.

අඳුරේ දැක්කත්...

දකින දේවල් අතර ශ්‍රේෂ්ඨ දෙයක් කරුවලේ දැක්කත් කමක් නෑ. බුදුරජාණන් වහන්සේ දවසක් චාරිකාවේ

වඩිනවා. එදා රෑ වුණා. ඒ පළාතේ මිනිස්සු වළං හදලා ගබඩා කරන ගෙවල් තියෙනවා. ඒ වගේ එක ගෙදරක පොඩි ශාලාවක් තිබුණා. වළං හදන මනුස්සයාගෙන් බුදුරජාණන් වහන්සේ ඇහැව්වා "මම අද රෑ මෙහේ හිටියට කමක් නැද්ද" කියලා. "කමක් නෑ, ඉන්න" කිව්වා. පොඩි පැදුරක් තිබුණා. උන්වහන්සේ ඒක එලාගෙන වාඩිවෙලා හිටියා. ඔය අතර බුදුරජාණන් වහන්සේගේ නාමයෙන් පැවිදිවෙච්ච රජ කෙනෙක් හිටියා 'පුක්කුසාති' කියලා. එයාට ආරංචි වුණා 'මේ ලෝකේ බුදු කෙනෙක් පහළවෙලා ධර්මය දේශනා කරනවා...' කියලා. එයා රජකම අත්හැරියා. අත්හැරලා තනියම මහණ වුණා, බුදුරජාණන් වහන්සේ උදෙසා කියලා. දැන් එයත් පාරේ යනවා. රෑ වුණා එයාටත්. මෙයත් අර වළං හදන කෙනාගෙන් ඇහැව්වා "මට මෙහේ නවතින්න පුළුවන්ද...?" කියලා. ඉතින් කිව්වා "නවතින්න මට අවසර දෙන්න පුළුවන්. ඒත් අමුත්තෙක් ඉන්නවා. එයාට මං කලින්ම අවසර දුන්නා. එයාගෙන් අහන්න..." කියලා.

පිනටයි හමු වූයේ...

ඉතින් පුක්කුසාති ගිහින් ඇහැව්වා, "පින්වත, මං නැවතුණාට කමක් නැද්ද?" කියලා. "කමක් නෑ. පැත්තකින් ඉන්න." කිව්වා. දැන් මෙයා බුදුරජාණන් වහන්සේ සොයාගෙන යන ගමන්. බුදුරජාණන් වහන්සේ ළඟටමයි ඇවිත් ඉන්නේ. ඒ කාලේ ලයිට් නෑ. කරුවලේ. ඉතින් මෙයා මොකද කළේ 'හොඳයි' කියලා පැත්තකින් වාඩිවුණා. එරමිණියා ගොතාගෙන වාඩිවෙලා මෙයත් ඔහේ ඉන්නවා. ඉතින් රෑ වුණා. බුදුරජාණන් වහන්සේ හිතුවා, 'මෙයත් එක්ක කතා කරන්න ඕනෑ' කියලා ඇහැව්වා,

"කොහේද යන්නේ?" "මං මේ සැවැත් නුවරට යනවා."

"මොකටද?" "මම බුදුරජාණන් වහන්සේව බලන්න යනවා."

"මීට කලින් දැකලා තියෙනවාද?" "දැකලා නැහැ."

"දැක්කොත් අඳුනගන්න පුළුවන්ද?" "බැහැ. මං දන්නේ නෑනේ. මට හඳුනගන්න බෑ."

"කවුරු වෙනුවෙන්ද මහණ වුණේ?" "මං මහණ වුණේ අන්න ඒ කෙනා වෙනුවෙන්."

විජ්ජා පෙන්වලා පහදවන්නේ නෑ...

ඊට පස්සේ බුදුරජාණන් වහන්සේ තේරුම් ගත්තා තමන් වහන්සේ වෙනුවෙන් පැවිදි වෙලා, තමන්ව හොයාගෙන යන කෙනෙක් මේ කරුවලේ මුණ ගැහුණේ කියලා.

ඇයි බුදුරජාණන් වහන්සේ ඉර්ධි ප්‍රාතිහාර්ය පෑවේ නැත්තේ? එහෙම වුණා නම් අරයා සැක කරන්න තිබුණා, 'මෙයා විජ්ජාකාරයෙක් වත්ද? මොකාටද මේ එන්න හදන්නේ?' කියලා. අන්න බලන්න බුදුරජාණන් වහන්සේ කොච්චර පැහැදිලි අවබෝධයකින් හිටියද කියලා. ඉතින් උන්වහන්සේ මෙයාගෙන් ඇහැව්වා, "හොඳයි ඔයා කැමතිද මගේ අදහස දැනගන්න...?" 'කැමතියි' කිව්වා. බුදුරජාණන් වහන්සේ ධර්ම දේශනා කළා. ධර්ම දේශනාව අවසාන වෙනකොට මෙයා අනාගාමී වුණා. එයා වැඳ වැටුණා, "අනේ ස්වාමීනි, මම ඔබවහන්සේට යාළුවෙකුට වගේ ඇමතුවේ. ඒ මම දන්නේ නැතුවයි..." කියලා.

කරුවලේ දැක්කත් හරි දේ හරියට හරි...

කරුවලේ වුණත් දැකපු දේ, හරි දැකිල්ලක් නෙවෙයිද? අන්න බලන්න දකින දේවල් අතර බුදුරජාණන් වහන්සේ නමක් දැකීමෙන් ශ්‍රේෂ්ඨත්වයට පත්වෙනවා. ශ්‍රාවකයන් වහන්සේ නමකගෙන් වුණත් ඒ ධර්මය ඇහෙනවා නම් ශ්‍රේෂ්ඨත්වයට පත්වෙනවා. ඒ නිසා තමයි දස්සනානුත්තරිය. දකින දේවල් අතර ශ්‍රේෂ්ඨම දැකීම.

මිනිසුන් පණුවෝ ගාණට වැටිලා...

දෙවැනි එක සවණානුත්තරිය. ශ්‍රවණය කිරීමෙන් ශ්‍රේෂ්ඨ බවට පත්වීම. දැන් අපි ඉස්කෝලේ යන කාලේ ඉඳලා කරන්නේ අහන එක. ගුරුවරු කියලා දෙනවා. අපි ඉගෙන ගන්නවා ලියාගන්නවා. ශ්‍රේෂ්ඨ බවට පත්වුණාද? නැහැ.

ඊළඟට අපි අහනවා කතන්දර. "හා! කියාපන් කතන්දර" කියලා. ඔන්න අපි හොල්මන් කථා අහනවා. ශ්‍රේෂ්ඨ බවට පත්වෙනවද? නැහැ. ඊළඟට අපි සිංදු අහනවා. සංගීත සංදර්ශනයක් තිබ්බහම ඔන්න යනවා. ගිහිල්ලා වැස්සේ තෙමි තෙමී ඔහේ අහනවා. අහනකොට මොකද වෙන්නේ? ශ්‍රේෂ්ඨ බවට පත්වෙනවද? නෑ. ටිකක් වෙලා යනකොට මොකද වෙන්නේ? කපපු පණුවෝ දඟලනවා වගේ නටනවා. ඒ සංගීතය ඉවරවෙනකොට බොහෝම මහන්සියි. තෙහෙට්ටුයි. ඊට පස්සේ ගෙදර ගිහිල්ලා හොඳට නිදිය ගන්නවා. එතකොට අහන දේ තුළින් එයා ශ්‍රේෂ්ඨත්වයට පත්වුණාද? නැහැ.

බොළඳ දේවල් අහන්න එපා...

බුදුරජාණන් වහන්සේ පෙන්වා දෙනවා, 'ඒ වගේ

දේවල් අහන්න ගියා කියලා... ඒවා අහන්න සැලැස්සුවා කියලා ශ්‍රේෂ්ඨත්වයට පත්වෙන්නේ නැහැ' කියලා. ඇයි ඒ? ඒ අහන දේවල් ළාමකයි. පෘථග්ජනයින්ටයි අයිති. අනර්ථය පිණිස පවතිනවා. එයාට ඒ අහන දේවල් තුළින් ජීවිතේ අවබෝධ වෙන දෙයක් අහන්න නම් ඇතිවෙන්නේ නැහැ. ජීවිතේ අවබෝධ වෙන දෙයක් අහන්න පටන් ගත්තොත් විතරමයි ජීවිතේ අවබෝධයක් කරා යන්නේ.

අසව් මිනිසුනේ උතුම්ම දේ...

බුදුරජාණන් වහන්සේ දේශනා කරනවා, "යම්කිසි කෙනෙක් තථාගතයන් වහන්සේට සවන් දෙන්න යනවා නම්, තථාගත ශ්‍රාවකයෙකුට සවන් දෙන්න යනවා නම්, අන්න එයා ශ්‍රේෂ්ඨ දේ දැනගන්නවා..." කියලා. මොකක්ද ශ්‍රේෂ්ඨ දේ? චතුරාර්ය සත්‍ය ධර්මය. අන්න ඒ චතුරාර්ය සත්‍ය ධර්මය අහන්න ලැබෙන්නේ නැත්නම් ඇසීමෙන් ශ්‍රේෂ්ඨත්වයට පත්වෙන්නේ නෑ. අපි දන්නවා බුදුරජාණන් වහන්සේගේ කාලේ කී දෙනෙක් නම් ආවද ඒ ධර්මය අසන්ට. බොහෝ දෙනෙක් ඒ ධර්මය අහලා ශ්‍රේෂ්ඨත්වයට පත්වුණා.

නොසිතූ ලෙසකිනි හමුවූයේ...

අපි ගත්තොත් සැරියුත් මුගලන් දෙනම ගිහිකාලේ උපතිස්ස කෝලිත. මේ දෙන්නා එක එක තැන්වල ගියා අහන්න. අවබෝධ වුණාද? නැහැ. එක දවසක් ඒ උපතිස්ස තාපසතුමා යනකොට දැක්කා... ශාන්ත ඉඳුරන් ඇතිව පාරේ වඩින ස්වාමීන් වහන්සේ නමක්. කවුද ඒ? අස්සජී හාමුදුරුවෝ. දානේ වළඳලා විවේක ගන්නකම් පස්සෙන් ගියා. උපතිස්ස තාපසතුමා අහනවා, "ස්වාමීනි, ඔබවහන්සේ කෙරෙහි මං පැහැදුණා. ඔබවහන්සේගේ

ගුරුවරයා කවුද?" කියලා. "මගේ ගුරුවරයා ශාක්‍ය කුලයෙන් නික්මිලා පැවිදි වෙච්ච 'සිද්ධාර්ථ ගෞතම බුදුරජාණන් වහන්සේ' කිව්වා." ඊළඟට ඇහැව්වා "එයා දේශනා කරන්නේ මොකක්ද?" අස්සජී හාමුදුරුවෝ කියනවා, "මම විස්තර වශයෙන් කියන්න දන්නේ නෑ. මම බොහෝම ළඟදි මේ ශාසනයට ඇතුළු වුණේ."

ප්‍රඥාව තියෙනවා නම් එක ගාථාවෙනුත් පුළුවන්...

ඊට පස්සේ උපතිස්ස තාපසතුමා කියනවා, "විස්තර වශයෙන් කියන්න බැරි නම් කෙටියෙන් හරි කියන්න." කියලා. "එහෙනම් මම කෙටියෙන් කියන්නම්. ඔබ විස්තර වශයෙන් තේරුම් ගන්න..." කියලා කිව්වා.

(යේ ධම්මා හේතුප්පභවා) හේතූන්ගෙන් හටගන්න යම් දෙයක් වේද, **(තේසං හේතු තථාගතෝ ආහ)** ඒ හටගන්නා දේ තුළ හේතුව බුදුරජාණන් වහන්සේ කියලා දුන්නා. **(තේසං ච යෝ නිරෝධෝ)** ඒ හේතුව නැති කිරීමත් කියලා දුන්නා. **(ඒවං වාදී මහා සමණෝ)** මහා ශ්‍රමණයන් වහන්සේ අන්න එහෙමයි දහම් දෙසන්නේ.

මේක ඇහෙනකොටම මොකද වුණේ? චතුරාර්ය සත්‍ය ධර්මය ඒ තුළින් දැක්කා. එතකොට බලන්න ශ්‍රවණය කිරීම තුළ ශ්‍රේෂ්ඨත්වයට පත්වන හැටි. එනිසා ඒ දැකීම, ශ්‍රවණය පුංචි දේවල් නෙවෙයි.

කඩමලු ඇන්දත් ප්‍රඥාවෙන් බැබලෙනවා...

බුදුරජාණන් වහන්සේගේ කාලේ තව කෙනෙක් සිටියා 'දාරුචීරිය' කියලා, දර පතුරු ඇඳගෙන ආව කෙනෙක්. එහෙම නම් අපට තේරෙනවා, ඇඳුම කළු

වුණත් කමක් නෑ, සුදු වුණත් කමක් නෑ, දර පතුරක්
වුණත් කමක් නෑ. වැදගත් වෙන්නේ ඇඳුමද? බුද්ධියද?
බුද්ධිය තමයි වටින්නේ. බුද්ධිය නැතුව රනින් සැරසුණත්
වැඩක් නෑ. දාරුචීරිය හැතැම්ම දහස් ගණනක් පයින්
ඇවිදගෙන බුදුරජාණන් වහන්සේව සොයාගෙන ආවා.
මෙයා දැක්කා බුදුරජාණන් වහන්සේ පිඬු සිඟා වඩිනවා.
දැකලා හඳුනාගත්තා 'මේ තමයි මං සොයන කෙනා'
කියලා. හඳුනගෙන බුදුරජාණන් වහන්සේට කිව්වා "අනේ
ස්වාමීනි, මං ගොඩක් දුර ඉඳලා ආවේ. මට ධර්මය දේශනා
කරන්න..." කියලා.

කොයි වෙලේ මැරෙයිද දන්නේ නෑ...

බුදුරජාණන් වහන්සේ කිව්වා, "පින්වත, දැන්
පිණ්ඩපාතේ වඩින වෙලාව. බණ කියන වෙලාව නෙවෙයි."
මෙයා කියනවා, "අනේ ස්වාමීනි, මං ගොඩාක් දුර ඉඳලා
ආවේ. මගේ ජීවිතේට අනතුරක් වෙයිද කියලා කවුද
දන්නේ? ඔබවහන්සේගේ ජීවිතේට අනතුරක් වෙයිද කියලා
කවුද දන්නේ? අනේ මට ධර්මය දේශනා කරන්න..."
කියලා තුන්වතාවක්ම ඉල්ලුවා. බුදුරජාණන් වහන්සේ
හොඳට මෙයා ගැන විමසලා බැලුවා. බුදු නුවණින්
බැලුවහම තේරුණා 'මෙයාට ජීවත්වෙන්න තියෙන්නේ
ටික කාලයයි.' ඒ සුළු කාලය තුළ මෙයාට ඉහළම විදිහට
අවබෝධ කරන්න හැකියාව තියෙනවා. ඒ නිසා මෙයාට
අවබෝධ වන විදිහට සුදුසු ධර්මයක් දේශනා කරන්න
ඕනෑ..." කියලා හිතුවා.

සදහටම නිදහස් වුණා...

ඔන්න බුදුරජාණන් වහන්සේ දේශනා කළා,
"බාහිය, දැක්කොත් දැක්කා විතරයි. ඇහුණොත් ඇහුණා

විතරයි. ආඝ්‍රාණය කළොත් ආඝ්‍රාණය කළා විතරයි. රස වින්දොත් රස වින්දා විතරයි. කයට පහස ලැබුණොත් පහස ලැබුණා විතරයි. හිතුවොත් හිතුවා විතරයි. ඔබ යමක් හිතුවොත්, පැතුවොත්, මනසින් විමසුවොත් ඒ සියල්ලම එතැනින් ඉවරයි. එතැන හැදෙන්නේ නැත්නම් ඔබ එතැන නෑ. යම් තැනක ඔබ නැත්නම්, ඔබ වෙන තැනකත් නැත්නම් ඒ අතරත් ඔබ නෑ. එතකොට ඔබ දුකින් නිදහස්..." කියලා දේශනා කළා. ඒ වචනවල තියෙන ධර්ම විස්තරය කොයිතරම් පළල්ද කියන්නේ, බාහිය එහෙම්මම නැවතුණා. නැවතිලා හිතන්න පටන් ගත්තා, 'මොකක්ද ඒ කිව්වේ' කියලා. හිතට අරගෙන යෝනිසෝ මනසිකාරයේ යෙදුණා. එතැනම අරහත්වයට පත්වුණා.

කිකිළිද? බිත්තරේද?

අපි අහනවා සමහර වෙලාවට පින්වතුන් ගෙන් 'සිහිය කියන්නේ මොකක්ද?' කියලා. එතකොට කියනවා 'සතිය' කියලා. 'සතිය කියන්නේ මොකක්ද?' කියලා ඇහැව්වාම 'සිහිය' කියනවා. ඒකේ තේරුම තමයි යෝනිසෝ මනසිකාරයේ යෙදෙන්නේ නෑ. අහපු දේ තුළම හිරවෙනවා. බලන්න අවබෝධ කරන කෙනාගේ ලක්ෂණ. පුංචි දෙයක් වුණත් නුවණින් විමස විමසා විස්තර වශයෙන් තේරුම් ගනිමින් අවබෝධ කරනවා. අන්න ශ්‍රවණය කිරීමෙන් ශ්‍රේෂ්ඨත්වයට පත්වෙනවා. සවණානුත්තරිය.

දැන් මේ පින්වතුන්ට අපි දෙකක් කියලා දුන්නා. පළවෙනි එක දස්සනානුත්තරිය. දෙවැනි එක සවණානුත්තරිය.

ලැබීම් අතර ශ්‍රේෂ්ඨතම ලැබීම...

තුන්වෙනි එක ලාභානුත්තරිය. ලැබෙන දෙයින්

ශ්‍රේෂ්ඨත්වයට පත්වීම. ඔන්න ගෙවල්වල දරුවෝ ලැබෙනවා. ඊට පස්සේ හිතනවා 'මම දාගන්නවා මගේ දරුවට ලෝකේ තියෙන ලස්සනම නම.' ඔන්න ඊට පස්සේ උපන් නැකැත හොයාගෙන දුවනවා නමක් දාගන්න. ඊළඟට දුවනවා කේන්දරයක් හදවන්න. මේ ඔක්කෝම කරගෙන ගිහිල්ලා මේ දරුවෝ ලොකු මහත් වෙනකොට මේ දරුවෝ නිසාම පීඩා ලැබෙනවා. මේ දරුවෝ නිසාම අඬන්න සිද්ධ වෙනවා. ඒ දරුවෝ නිසාම වැළපෙනවා. අන්තිමට සමහර අම්මලා කියනවා 'මේ දරුවන් හැදූ කුසවත් මට එපා...' කියලා. නමුත් ලැබිච්ච දවසේ ලොකු ලාභයක් කියලයි හිතුවේ.

සමහරුන්ට ලැබෙනවා ස්වාමිවරු. සමහරුන්ට ලැබෙනවා බිරින්දෑවරු. ඉතින් හිතනවා, 'ෂෝක් ළමයෙක් හම්බවුණා. හරිම ෂෝක්...' කියලා. නමුත් ටික කාලයක් යනකොට පෙන්නන්න බෑ. මට එක මව් කෙනෙක් කිව්වා, "අනේ ස්වාමීනි, මම හිතුවා මගේ ස්වාමියා දෙවියෙක් කියලා. මම ගොඩාක් දුක් වින්දා. දැන් මට තේරෙනවා දෙවියෙක් කියලා ගිහින් තියෙන්නේ සංසාරේ හතුරෙක් එක්ක බව." අන්න ලැබිච්ච දේ ලැබිච්ච වෙලාවේ අප්‍රමාණ සන්තෝෂ වුණා. ඒ වගේම ලැබෙනවා ඉඩකඩම්, දේපල... මේවා ලැබුණට පස්සේ මහා හිසරදයක්. බුදුරජාණන් වහන්සේ පෙන්වා දෙනවා ඒ ලැබෙන දේවල් ඔක්කෝම හීනයි, ග්‍රාම්‍යයි, පෘථග්ජනයි, අනාර්යයි, අනර්ථය පිණිස මයි කියලා.

ශ්‍රද්ධාව නැත්නම් දිළින්දෙක්...

නමුත් යම්කිසි කෙනෙකුට ලැබෙනවා නම් ශ්‍රද්ධා ලාභය... අන්න ඒක තමයි ලැබෙන දේවල් අතර අග්‍රම ලැබීම. මේ ශ්‍රද්ධා ලාභය නම් අපේ රටේ බොහෝ

දෙනෙකුට නෑ. සාමාන්‍යයෙන් අපේ රටේ පොදුවේ කියනවා, 'ශ්‍රද්ධාවන්තයා මෝඩයෙක් ය. ප්‍රඥාවන්තයා කට්ටයෙක් ය...' කියලා. ඒක වැරදියි. ප්‍රඥාවන්තයෙක් කවදාවත් කට්ටයෙක් වෙන්නේ නෑ. ශ්‍රද්ධාවන්තයෙක් කවදාවත් මෝඩයෙක් වෙන්නෙත් නෑ. ඒ ශ්‍රද්ධාව කියලා අපි කියන්නේ අවබෝධයෙන් යුතු ශ්‍රද්ධාව. අවබෝධයක් නැති ශ්‍රද්ධාවක් තිබුණොත් මොකද වෙන්නේ? අන්න ඒක නම් මෝඩකමක්.

ගුප්ත දේවල් නෑ... ඔක්කෝම එළිපිට...

දවසක් දරුවෙක් මට ටෙලිෆෝන් එකෙන් කථා කළා. මං හිතන්නේ වෙළඳ කලාපේ වැඩ කරන ගැහැණු ළමයෙක්. ඒ දරුවා කියනවා, "අනේ ස්වාමීනි, මට ඔපරේෂන් එකක් තියෙනවා. මට බයයි. මාව ගුප්ත ක්‍රමයකට සනීප කරන්න..." කියලා. මම කොහොමද ඒ දරුවා ගුප්ත ක්‍රමයකට සනීප කරන්නේ? ඉතින් මම කිව්වා, "දුව, ඔයා මේ ජීවිතේ ගැන හිතන ක්‍රමේ වැරදියි." කියලා. ඊට පස්සේ ආයෙමත් මගෙන් ඇහැව්වා, "ඔපරේෂන් එකට යන්නේ නැතුව ගුප්ත ක්‍රමයකට සනීප කරන්න බැරිද?" කියලා. මම කිව්වා, "දුව, ඔපරේෂන්වලට කවුරුත් කැමති නෑ. ඇයි ඒකේ කපන්න තියෙනවා. වේදනා විඳින්න තියෙනවා. රිදෙනවා. දුව ඔයා විතරක් නෙවෙයි. කවුරුත් කැමැතියි ඔපරේෂන් කරන්නේ නැතුව සනීප වෙන්න. ඒත් ඒක කරන්න බැහැනේ. හැබැයි මට ඔයාගේ කය නම් සනීප කරන්න බෑ. ඒත් හිත නම් සනීප කරලා දෙන්න පුළුවන්" කියලා. ඒ වුණාට ඒ දරුවට ඒක තේරුණේ නෑ.

බුද්ධිමතුන්ගේ තේරීම...

ඊට පස්සේ මං ඇහැව්වා, "දුව, ඔයාට වෙන ආගමක

කෙනෙක් කිව්වොත්, 'එන්න... අපි සනීප කරනවා...' කියලා ඔයාගේ අවශ්‍යතාවයට ගැලපිලා යන්නේ නැද්ද?" කියලා. මොකුත් කිව්වේ නෑ. මං ඇහැව්වා "දුව, එහෙම වුණොත් ආගම වෙනස් කරනවා නේද?" කියලා. ඊට පස්සේ මං තේරුම් කරලා දුන්නා, "දුව, ආගම කියන එක ශරීරයක් මුල් කරගෙන තෝරගන්න නම් එපා. ඒක බුද්ධිමත් තේරීමක් කරගන්න. කවුරුහරි 'ඔයාගේ ලෙඩේ සනීප කරලා දෙන්නම්' කියලා ඔයාව රවට්ටවන්න පුළුවන්. රවට්ටලා වෙන ආගමකට ගත්තට පස්සේ ඒකෙන් ඔයාව බැඳලා තියන්න පුළුවන්, 'ඔයා පොරොන්දුවක් වෙලා තියෙන්නේ. පොරොන්දුව කැඩුවොත් කරදර වෙයි' කියලා තවදුරටත් ඒ ආගමේම සිර කරගන්න පුළුවන්. ඒ නිසා ඒ මට්ටමට නම් දුව ඔයා වැටෙන්න එපා" කියලා මම ලිපිනය ඉල්ලගෙන පිරිත් නූලක් යැව්වා.

මුළාවේ වැටෙන්න එපා...

එතකොට බලන්න මේ ශ්‍රද්ධාව නැති අය... ධර්මය තියෙන්නේ කුමක් සඳහාද? කියලවත් දන්නේ නෑ. මේ ළමයි ඉතින් බෞද්ධ අය හැටියට පෙනී ඉන්න අය. මේ අය අන්‍යාගම්කාරයන්ට ගොදුරු වෙන්නේ නැද්ද? ගොදුරු වෙනවා. අන්න ශ්‍රේෂ්ඨ ලාභය නැතිවුණාම සිද්ධ වෙන දේ.

අනික අපට පුළුවන්ද කවදාවත්ම මේ ශරීරය ලෙඩ නොවී තියාගන්න? බැහැ. අපි සියලු දෙනාටම යම්කිසි දවසක ලෙඩක් හැදෙනවා. ඒකෙන් තමයි අපි මැරෙන්නේ. අපි සියලු දෙනාටම සනීප කරන්න බැරි ලෙඩක් හැදෙනවා. ඒ ලෙඩේ හැදුණට පස්සේ කොච්චර මහන්සි ගත්තත් සනීප කරන්න බැහැ. ඒකෙන්මයි මැරෙන්නේ. නමුත් මේ සිත ගැන, චිත්ත දියුණුව ගැන, ගුණධර්ම ගැන, බුද්ධිමය

හැකියාව ගැන, ප්‍රඥාව ගැන හිතන එක විසිකරලා දාලා මේ ශරීරය සාර වශයෙන් ගත්තොත් එයාට ශ්‍රද්ධා ලාභය කරායන්න බෑ.

හැමදාම නිරෝගී සැප විතරක් ලැබෙයිද...?

අපි හිතමු කවුරුහරි කියනවා 'එන්න මම ලෙඩ සනීප කරනවා.' කියලා. එතකොට එයා බුද්ධිමත් නැත්නම් උපන් සත්වයා ලෙඩ වෙනවා කියලා, එයා අහුවෙනවා. නමුත් එයා 'උපන් සත්වයා ලෙඩවෙන එක නවත්වන්න බැහැ' කියන අවබෝධයේ හිටියොත් මෙයාට පුළුවන් හෙම්බිරිස්සාවක් වගේ අසනීපයක් හැදුණාම කොත්තමල්ලි ටිකක් බොන්න. මෙයාට පුළුවන් ඊටත් වඩා අමාරු ලෙඩක් හැදුනොත් බෙහෙත් ටිකක් ගන්න. ගුප්ත ක්‍රම පස්සේ දුවන්නේ නැතුව.

ලෙඩ වීමේ දුක කාටත් එකයි...

බුදුරජාණන් වහන්සේට බඩ විරේකයක් අවශ්‍ය වුණා. ඉතින් ආනන්ද හාමුදුරුවෝ ජීවක වෛද්‍යතුමාට කිව්වා, 'බුදුරජාණන් වහන්සේට බඩ විරේකයක් අවශ්‍යයි.' කියලා. ජීවක වෛද්‍යතුමා මානෙල් මල් මිටි තුනක් හැදුවා. පුංචි මානෙල් මල් මිටි තුනක් හදලා... එක මිටක් දුන්නා එකපාරක් ඉඹින්න. එතකොට එක වාරයක් බඩ විරේක වෙනවා. තව මිටියක් දුන්නා තවපාරක් ඉඹින්න. තවත් වතාවක් බඩ විරේක වෙනවා. ඒ විදිහටම අනිත් මිටියත් දුන්නා. අන්න එහෙම තමයි බුදුරජාණන් වහන්සේ පවා බෙහෙත් වළඳලා තියෙන්නේ.

මිරිඟුවකට මෙන් රැවටෙන්න එපා...

එතකොට සාමාන්‍ය ජනතාව ගුප්ත ක්‍රමයකට ලෙඩ

සනීප කරන්න කල්පනා කරන්න පටන්ගත්තාට පස්සේ හැමදාම මේ කය දකින්නේ සාර වශයෙන්. 'එයාට මේ කය දිරා යන එකක්.' කියලා මතක නැතිවෙනවා. 'මේ කය ජරාජීර්ණ වෙලා යන එකක්' කියලා මතක නැතිවෙනවා. 'මේ කයේ තියෙන්නේ අසුභ දෙයක්' කියලා දන්නේ නැතුව යනවා. අන්තිමට මොකද වෙන්නේ? ඒ අයට ශ්‍රද්ධාව පිහිටන්නේ නෑ. ඇයි ජීවිතේ ගැන අවබෝධයක් නැහැ නේ. ඊට පස්සේ කවුරුහරි කිව්වොත් ලෙඩ සනීප කරනවා කියලා ඔන්න දුවනවා.

තිසරණේ පිහිටලා මැරෙනවා... මම සුගතියේ...

ඒ විදිහට මිනිස්සු බුද්ධිමත් නොවී සිටීම හානිකර නැද්ද? පළවෙනි හානිය තියෙන්නේ තමන්ට. ඇයි තමන් ඕනම වෙලාවක ඕනෑම දේකට රැවටෙන සුළුයි. මොකද ඒ? නුවණ පාවිච්චි කරන්න බැරිකම. නුවණ පාවිච්චි කරන කෙනා දන්නවා, 'මැරුණත් ප්‍රශ්නයක් නෑ. මම තිසරණේ පිහිටලානේ ඉන්නේ. මම සුගතිය කරා යනවා.' කියලා. අන්න ඒක තමයි ශ්‍රද්ධා ලාභය. ශ්‍රද්ධාව තියෙන එක අනුත්තරිය ලාභයක්. ලැබීම් අතර ශ්‍රේෂ්ඨම දේ.

ශ්‍රද්ධාවන්තයාගේ ලක්ෂණය තමයි බුදුරජාණන් වහන්සේගේ බුදුගුණ සත්‍යයි කියලා පිළිගන්නවා. ඒ ධර්මය අහද්දි තේරුම් ගන්නවා. මේක නම් ඇත්ත කියලා.

මං මේ පහුගිය දවස්වල කළුතර පළාතේ බණකට ගියා. මට හරිම දුක හිතුණා. පුවත්පතක පිටිපස්සේ පිටුවේ ගිහි කෙනෙක් පහනක් අතේ තියාගෙන ඉන්නවා. විශ්මිත පහනලු. ඇලඩින්ගේ පුදුම පහන වෙන්න ඇති අතේ තියාගෙන ඉන්නේ. ඉතින් ඒකේ කියනවා 'ඒ ෆොටෝ

එක රාමු කරලා ගෙදර ගහගන්නලු. උදේ හවස ඒක දිහා බලාගෙන ඉතිපිසෝ ගාථාව කියන්නලු.' එතකොට එයා ඒ පහන දික්කරලා කරකවනවා. මිනිස්සු දහස් ගාණක් යනවා සෙනසුරාදාට. මට නම් හරිම දුකයි. ඇයි මිනිස්සුන්ට මෙහෙම කරන්නේ? දැන් මිනිස්සුන්ගේ බුද්ධිය නෑ කියමු. ඒගොල්ලන්ව ඒ මට්ටමේ තියන එක මනුස්සකමට ගැලපෙනවද? නෑ. අපි කරන්න ඕනෑ මොකක්ද? එයාව බුද්ධිමත් කරන එකයි.

පුහුදුන් නොවනු කිසිදා...

දැන් අපි මෙහෙම හිතමු. මනුස්සයෙක් ඉන්නවා එයා පෘථග්ජනයි. ඒ කියන්නේ ධර්මය කිසිම දෙයක් තේරෙන්නේ නැති, තිසරණය නැති, ජීවිතේ අර්ථය දන්නේ නැති කෙනෙක්. දැන් එයාව තමන්ගේ වසඟයේ තියාගන්න අපි ධර්මයත් පෘථග්ජන මට්ටමට හෙළුවොත් කවදාවත් එයා ඒ පෘථග්ජන මට්ටමෙන් මිදෙයිද? කවදාවත් නෑ. නමුත් ධර්මය පෘථග්ජන එකක් නොවෙයි, ආර්ය ධර්මයක්. ආර්ය ධර්මයක් නම් පෘථග්ජන කෙනාව අපි ගන්න ඕනෑ ආර්ය ධර්මයේ මට්ටමට. ඒ කියන්නේ ධර්මය පල්ලෙහාට හෙලන්නේ නැතුව, ධර්මයේ මට්ටමට මිනිස් බුද්ධිය ගන්න ඕනෑ. අන්න ඒකයි මනුෂ්‍යත්වයට කරන ගෞරවය.

දැන් එතැන මොකක්ද කරන්නේ? තමන්ව අදහා ගන්න පිළිවෙලට තමන් ශ්‍රේෂ්ඨ කෙනෙක් වශයෙන් රඟපාලා, අර අහිංසක මිනිස්සුන්ගේ තියෙන නොදන්නාකමෙන් අයුතු ප්‍රයෝජන ගන්නවා. ඒ විදිහට අයුතු ප්‍රයෝජන ගන්නකොට කවදාවත් ඒ අය බුද්ධිමත් වෙයිද? නැහැ. මේ කය සාර වශයෙන් ගැනීම හැර, ආර්ය අෂ්ටාංගික මාර්ගය, චතුරාර්ය සත්‍ය ධර්මය සාර වශයෙන්

ගන්න මට්ටමට එයා එන්නේ නෑ. අන්න බලන්න ඒ අයට බුදුරජාණන් වහන්සේගේ ධර්මයේ ශ්‍රද්ධා ලාභය හිමිවෙන්නේ නැහැ. එයා ගුප්ත දේකට හිරවෙනවා. එච්චරයි වෙන්නේ. ඊට පස්සේ එයාට ඒකෙන් නිදහස් වෙන්නත් බැහැ.

සිහි කළ යුතුමය බුදු ගුණ හැම විට...

බුදුරජාණන් වහන්සේගේ ධර්මයේ ශ්‍රද්ධා ලාභය තිබෙන කෙනා පිළිගන්නවා. උන්වහන්සේ 'අරහං' කියලා. 'අරහං' කියන්නේ නිකෙලෙස්. කාගෙන්වත් අහන්නේ නැතුව චතුරාර්ය සත්‍ය ධර්මය අවබෝධ කළා. '**සම්මා සම්බුද්ධයි. විජ්ජාචරණ සම්පන්නයි.** ඒ කියන්නේ උන්වහන්සේ විශේෂ ඤාණ වලින් හා උතුම් සීලයකින් යුක්තයි. '**සුගත**' පැහැදිලි සුන්දර මඟක් හොයාගෙන ඒ සුන්දර මාවතේ ගමන් කරලා නිවන කරා ගියා. '**ලෝකවිදූ**' උන්වහන්සේට ලෝකේ කිසිම දෙයක් වැහිලා නෑ, විවෘතයි. දිව්‍ය ලෝක, බ්‍රහ්ම ලෝක, නිරය, පෙරේත ලෝක, තිරිසන් ලෝක, මනුස්ස ලෝකය ආදී සියලු ලෝකයකම යථා ස්වභාවය දැක්කා. '**අනුත්තරෝ පුරිසදම්මසාරථී**' දමනය කරන අය අතර උන්වහන්සේ ශ්‍රේෂ්ඨයි. බුදුරජාණන් වහන්සේගේ මේ හැම බුදුගුණයක්ම හරිම විශ්මය ජනකයි.

ජරා ජීර්ණ නොවන දායාදයක්...

බුදුරජාණන් වහන්සේගේ කාලේ එක පවුලක දෙමව්පියන්ට දරුවෝ හිටියේ නෑ. ඉතින් ඉඳලා ඉඳලා ඔන්න ලැබුණා චූටි පිරිමි දරුවෙක්. හරී ලස්සනයි. එයාට නම තිබ්බා 'භද්‍ර' කියලා. දැන් ඉතින් මේ ළමයා බිමින් තියන්නේ නෑ. වඩාගෙනමයි හදන්නේ. ඒ අම්මයි, තාත්තයි කල්පනා කළා, 'අපේ එකම දරුවට දෙන්න ඕනෑ ජරා

ජීර්ණ නොවන දෙයක්...' කියලා.

දැන් අපි සාමාන්‍යයෙන් දරුවන්ට කසාදයක් බන්දලා දෙනවා. ඒ බන්දලා දෙන එක්කෙනා ජරා ජීර්ණ වෙන්නේ නැද්ද? ජරාජීර්ණ වෙලා කොහෙන් ඉවරවෙයිද දන්නේ නෑ. ඉතින් අර දෙමව්පියෝ හිතුවා ජරාජීර්ණ නොවන දෙයක් දෙන්න ඕනෑ කියලා. ඉතින් ඒ දෙන්නා මොකද කළේ? මේ පොඩි පුතාව එක්කරගෙන ගිහිල්ලා බුදුරජාණන් වහන්සේට කිව්වා "ස්වාමීනි, අපි බොහෝම දුක සේ මේ දරු සිඟිත්තව ලබාගත්තේ. මෙයාගේ වයස අවුරුදු හතයි. මේ දරුව හරි සියුමැලියි. හොඳට සැප දීලා අපි හැදුවේ. ඉතින් අපි කල්පනා කළා මෙයාට ජරාජීර්ණ නොවන දෙයක් දෙන්න ඕනෑ කියලා. ඉතින් ඔබවහන්සේට තමයි ඒක කරන්න පුළුවන්. ඒ නිසා භාග්‍යවත් බුදුරජාණන් වහන්ස, අපේ දරු සිඟිත්තාව ඔබවහන්සේගේ ශිෂ්‍යයෙක් හැටියට පිළිගන්නා සේක්වා..." කියලා පූජා කළා.

අවුරුදු හතේ පුංචි පුතත් අරහත්වයට පත්වුණා...

බුදුරජාණන් වහන්සේ ඒ දරු සිඟිත්තව භාරගත්තා. ආනන්ද හාමුදුරුවන්ට කිව්වා, "ආනන්ද, මේ දරු සිඟිත්තාව ඉක්මණට මහණ කරන්න. මේ දරුවා මහා පුරුෂයෙක් වෙනවා" කියලා. ඉතින් ආනන්ද හාමුදුරුවෝ එදා උදේ ඒ දරුවාව මහණ කළා. එදා දවල් වෙනකොට මේ චූටි දරුවා අරහත්වයට පත්වුණා. සවස බුදුරජාණන් වහන්සේ කතා කළා, "පින්වත් භද්‍ර, මෙහේ එන්න." ඇවිදින් වන්දනා කළා. ඒක තමයි එයාගේ උපසම්පදාව. බලන්න අවුරුදු හතේ ළමයෙක්. බුදුරජාණන් වහන්සේගේ අනුත්තර පුරිසදම්මසාරථී ගුණය පුංචි එකක්ද? නැහැ නේද? අපට

අවුරුදු හතේ ළමයෙකුට විස්කෝතුවක් කවා ගන්න බෑ. ඒකටත් කොච්චර දේවල් කියලා රවට්ටවන්න ඕනද? බලන්න එතකොට මේ '**අනුත්තරෝ පුරිසදම්මසාරථී**' ගුණය කොයිතරම් ශ්‍රේෂ්ඨද කියලා.

මේවා ගැන සැක කරන්න එපා...

ශ්‍රද්ධාවන්තයන්ට මේවා ඇසීම පවා හරිම ප්‍රණීතයි. අන්න එයා ඒ ගුණ සිහිකරනවා. ඊළඟට '**සත්ථා දේවමනුස්සානං**' ගුණය. දෙවියන්ටයි, මිනිසුන්ටයි ශාස්තෘන් වහන්සේ. මේක දන්නේ නැති මිනිස්සු කියනවා, 'නැහැ... නැහැ... දෙවියන්ට බෑ ධර්මය දකින්න...' කියලා බුදුරජාණන් වහන්සේගේ මේ ගුණයට ගරහනවා. දෙවියන්ට ධර්මය දකින්න බැරි නම්, උන්වහන්සේ දෙවියන්ටයි, මිනිසුන්ටයි ශාස්තෘ වෙයිද? ශ්‍රද්ධාව තියෙන කෙනා නුවණින් යුක්ත කෙනෙක්. අන්න එයා හරියට කල්පනා කරනවා. බුදුරජාණන් වහන්සේ දිව්‍ය ලෝකයට ගොරෝසු කයිනුත් වඩිනවා. මනෝමය කයිනුත් වඩිනවා. ඒ බව උන්වහන්සේ විසින්ම දේශනා කරලා තියෙනවා. උන්වහන්සේ සමහර දවස්වල දෙවිවරු අතර ඉන්නවා. දෙවිවරුන්ට ධර්මය දේශනා කරනවා. නමුත් දෙවිවරුන්ට හොයන්න බැහැ 'කවුද මේ ධර්මය දේශනා කරන්නේ?' කියලා. ඒ විදිහට තමයි බුදුරජාණන් වහන්සේ දෙව් මිනිසුන්ට ශාස්තෘන් වහන්සේ වුණේ.

සම්බුදු සසුනේ මග ඵල ලැබූ දෙවිවරු...

දෙවිවරු තමයි ඇවිල්ලා මංගල කාරණා අහලා තියෙන්නේ. පරාභව සූත්‍රය, වසල සූත්‍රය මේ ඔක්කෝම දෙවිවරු ඇවිල්ලා ඇහැව්වේ. බුදුරජාණන් වහන්සේගේ ධර්මය මේ ලෝකෙට, මේ මිනිස්සු අතරට ඉස්මතු කරලා

ගන්න දෙවිවරු බොහෝම මහන්සි අරන් තියෙනවා. දෙවිවරු විශාල පිරිසක් හිටියා ධර්මය අවබෝධ කරපු. දෙවිවරු බොහෝ දෙනෙක් බුදුරජාණන් වහන්සේ ළඟට ධර්මය අහන්න ආවා. ඇවිත් ධර්මය අවබෝධ කළා.

දවසක් දෙවි කෙනෙක් බුදුරජාණන් වහන්සේ ඉදිරියට ධර්මය අහන්න ආවා. දැන් මෙයා බුදුරජාණන් වහන්සේ දැක්කා විතරයි මෙයාට කරන්න ඕන වැඩෙත් මතක නෑ. මොකද එයාට වුණේ? එයා හිටගන්න හදනවා. නමුත් පොළොවේම ගිලෙනවා. හරියට තෙලක් පොළොවට වැටුණහම උරාගන්නවා වගේ. බුදුරජාණන් වහන්සේ දැක්කා මෙයාට හිටගන්න බැරි බව. උන්වහන්සේ කිව්වා "හා... හා... මොකද ඔය? ඉක්මනට ගොරෝසු ඇඟක් මවාගන්න..." කියලා. එතකොටයි එයාට සිහිය ආවේ. බලන්න එතකොට බුදුරජාණන් වහන්සේ දිහා බලන් ඉන්නකොට ඒ දෙවියට තමන්ගේ තත්වෙත් මතක නැතුව ගියා.

ලොවටම බුදු හිමි සරණ ලැබෙන්නේ...

බුදුරජාණන් වහන්සේ නමක් මේ දස දහසක් ලෝක ධාතුවටම එක්කෙනයි. හතර පස් දෙනෙක් එක විට පහළ වෙන්නේ නෑ. ඒ නිසා මේ මනුස්ස වර්ගයා අතර තියෙන සුවිශේෂ බව, මේ ලෝකේ තියෙන ආශ්චර්යවත් දෙය තමයි ශ්‍රද්ධා ලාභය ඇති කරගැනීම.

ශ්‍රද්ධා ලාභය තියෙන කෙනා බුදුරජාණන් වහන්සේ ගැන සිහිකරනවා. ඒ විතරක් නොවෙයි. ඒ ධර්මයත් සිහිකරනවා. ඒ ධර්මය තුළ තියෙන්නේ මොනවාද? ඒක මනාකොට දේශනා කරපු ධර්මයක්. ඒ තමයි සතර සතිපට්ඨානය, සතර සම්‍යක් පධාන වීර්යය, සතර ඉර්ධි

පාද, පංච ඉන්ද්‍රිය, පංච බල, සප්ත බොජ්ඣංග, ආර්ය අෂ්ටාංගික මාර්ගය. මේවා තමයි මනාකොට දේශනා කරපු ධර්මය. ඉතින් ඒ ධර්මයේ තියෙනවා මේ ශරීරය ගැන අසුභ වශයෙන් වඩන්න... සතර මහා ධාතු හැටියට වෙන් කර කර බලන්න... මළමිනියක් කුණුවෙලා යන ආකාරයටම තමන්ගේ ශරීරයටත් සිදුවෙනවා නේද කියලා නුවණින් විමස විමසා බලන්න... කියලා

යකඩයේ මල ම යි යකඩය කන්නේ...

නමුත් මේ රටේ අය කියනවා "හා... හා... ඕවා ගිහි අයට හරියන්නේ නැහැ. ගිහි අයට පුළුවන්ද මාර්ගඵල ලබන්න...? ඕවා කරන්න එපා පවුල් ජීවිත කඩාකප්පල් වෙයි. හා... හා.... භාවනා කරන්න එපා. පිස්සු හැදෙයි...." කියලා. බලන්න එතකොට පිස්සු හැදෙනවා නම්, ජීවිත කඩාකප්පල් වෙනවා නම් ඒක මනාකොට දේශනා කරපු ධර්මයක්ද? නෑ. අන්න ඒ කෙනාට ධර්මය ගැන ශ්‍රද්ධාවට පැමිණෙන්න බැහැ. ගිහි අය විතරක් නෙවෙයි. මේ විදිහට ගරහන පැවිද්දෝ පවා ඉන්නවා. ඒ අයට මේ ධර්මය කෙරෙහි ශ්‍රද්ධා ලාභය ඇති කරගන්න බැහැ.

ගිහි මේනියාවෙන් පෙළෙන මහත්තුරු...

මම දවසක් භාවනා වැඩසටහනකට ගිහිල්ලා අසුභ භාවනාව ඉගැන්නුවා. මනුස්සයෙක් ඇවිල්ලා මට කිව්වා, "අනේ හාමුදුරුවනේ, මහත්තයෙක් දේශනාවක් කරගෙන ගියා. 'අසුභය විතරක් නම් වඩන්න එපා. කසාද බඳින ළමයෙක් ඔය විදිහට අසුභය වැඩුවොත් කසාදේ ඉවරයි' කියලා." එතකොට මේ ධර්මය මනාකොට දේශනා කරපු එකක් නෙවෙයි. මං කිව්වා "හරි පුදුමයි නේ. ඇස් වහගෙන මේ විනාඩි 15 ක් අසුභය සිහිකරපුවාම

කසාදයකුත් කඩාකප්පල් වෙනවා නම්, ඔය උසස් පෙළ කරන ළමයි මෙඩිකල් කොලේජ් යවන්න එපා" කියලා. ඇයි මේ ඇස් වහගෙන චුට්ටක් අසුභේ වඩපුවාම ගිහි ජීවිතේ එපා වෙනවා නම්, අතන ගියාට පස්සේ දත් ගලවන්න තියෙනවා. අනුන්ගේ කටවල් ඇරලා දත් ගලවනකොට ගඳ ගහනවා. කුණුවෙච්ච මිනී කපන්න ඕනෑ. ලෙඩ්ඩු ඔපරේෂන් කරන්න තියෙනවා. ඒවා දැකලා පවුල් කඩාකප්පල් වුණොත් එහෙම ඒ ඔක්කෝම මහණ වෙන්න යයි. ඒ නිසා වෛද්‍ය විද්‍යාලවලට නම් යවන්න එපා..." කිව්වා.

මේ ශරීරයේ ඇත්ත දකින්න කියලා එහෙම එපා වෙන්නේ නැහැ. අඩුගානේ ඔය ඉස්පිරිතාලවල ඉන්න අයට යන්තම්වත් තේරුණා නම් චැනල් කරන එකේ ගාණ අඩු කරනවා. 'අනේ අපිත් මැරෙන උදවිය නේ' කියලා ගණන් අඩු කරනවා. එහෙනම් බෙහෙත් මෙච්චර ගණන් යාවිද? නැහැ. ලෙඩෙක් ආවට පස්සේ විනාඩි දෙකක්වත් ලෙඩාව බලන්නේ නැහැ. ඊළඟ එක්කෙනා ගන්නවා. අසුභය පිහිටියා නම් විනාඩි 15 ක් වත් ලෙඩාව හොඳට බලනවා. කරුණාවෙන් බෙහෙත් ටික දෙනවා. ඔය විදිහට ස්ට්‍රයික් කරන්නේ නෑ. හැබැයි ඔය අතරේ කරුණාවන්ත දොස්තරවරු ඉන්නවා. රෝගීන් කෙරෙහි මහත් සානුකම්පිතව කටයුතු කරන කරුණාව, මෛත්‍රිය තියෙන කීප දෙනෙක් ඉන්නවා. ඒ අය ඉන්නේ 5% ක් වගේ බොහෝම සුළු පිරිසක්.

අසුභ දේ අසුභ ම යි...

අපි මේ අසුභය චුට්ටක් වඩලා එහෙම එපා වෙනවා නම්, අපි මේ ඇස් වහගෙන කෙස්, ලොම්, නිය, දත්.....

මේවා කුණු වෙනවා... කියලා සිහිකරන්න හොඳ නැත්නම්, මං තේරෙන භාෂාවෙන්ම කිව්වා 'වැසිකිලියටත් යන්න එපා...' කියලා. ඇයි ගිය ගමන්ම අසුභ දර්ශන නේ පේන්න තියෙන්නේ. තේරෙන භාෂාවෙන් මම කිව්වා, 'එහෙනම් මනමාලියට කියන්න වාතයක්වත් පිට කරන්න එපා...' කියලා. අන්න එතකොටයි තේරුණේ. මේ අධර්මයේ ස්වභාවය. දැන් එතකොට එයා ගැරහුවේ මොකේටද? බුදුරජාණන් වහන්සේගේ ධර්මයට නින්දා කළා, 'හා... හා... අසුභය වඩන්න එපා...' කියලා. අපි හිතුවත් නැතත්, අපි කතා කළත් නැතත්... අසුභ දේ අසුභ මයි. මේක සත්‍යයක්.

මුළා නොවන්න මේ කයට කිසිදා...

දැන් බලන්න ඔබ දවස් තුනක් දත් මදින්නේ නැතුව ඉන්න. අපටම පුළුවන්ද ඉවසගන්න අපේ කටේ ගඳ? බැහැ. තවත් කෙනෙක් එක්ක අපට කතා කරන්න පුළුවන්ද? බැහැ. දවස් තුනක් මූණ සෝදන්නේ නැතුව, නාන්නේ නැතුව ඉන්න බලන්න කොච්චර ගඳ ද....? කියලා. ඉතින් මේක එච්චර සුභ නම්... අපි කියමු ඔන්න කෑම කනකොට කෙස් රොදක් හම්බවෙනවා බත් එකේ තිබිලා. කරපිංචා, කුරුඳු පොතු වගේ පිඟාන අයිනෙන් තියාගෙන කනවද? සාමාන්‍යයෙන් ධර්ම මාත්‍රයක්වත් අහලා නැති කෙනෙක්වත් එහෙම කරන්නේ නැහැ. ඉතින් එහෙනම් අපට පේනවා අසුභ දේ අසුභමයි. නමුත් මේකේ ඇත්ත තේරුම් ගන්න බැරිවුණොත් එයාට ශ්‍රද්ධාවට නම් එන්න බැහැ.

වෛරය ම යි ඔබව නසන්නේ...

දැක්කද මාගන්දියාට වෙච්ච දේ? බුදුරජාණන් වහන්සේ දේශනා කළා 'මේ ශරීරය අසූචි කළයක් වගේ'

කියලා. ඉතින් ඒක ඇත්තක් නෙවෙයිද? ඇත්තනේ කිව්වේ. මාගන්දියා කය සාර වශයෙන් ගත්තා. ඒක නිසා බුදුරජාණන් වහන්සේ කෙරෙහි වෛර බැඳ ගත්තා. නමුත් එයාගේ අම්මයි, තාත්තයි තේරුම් ගත්තා ඒක ඇත්ත කියලා. ඒ අය ධර්මය අවබෝධ කළා. අන්න බලන්න ශ්‍රද්ධාවකට පැමිණෙන්න නම් ඒ කෙනාට බුදුරජාණන් වහන්සේ ගැන, ධර්මය ගැන, ශ්‍රාවක සංඝරත්නය ගැන මයි ශ්‍රද්ධාවක් ඇතිවෙන්න ඕනෑ.

මෝඩකමට තාම බෙහෙත් නෑ...

දවසක් නෝනා කෙනෙක් කියනවා, "ඔබවහන්සේ කියනවා 'සංසාරේ යන්න එපා' කියලා. එතකොට බුදුරජාණන් වහන්සේ ඔය ආවේ සංසාරේ. ඉතින් අපි ගියාම මොකද...?" කියලා. බලන්න මේකත් මගෙන්ම ඇවිල්ලා අහනවා නේ. මං ඉතින් කිව්වා, "හරි යන්න..." කියලා. එහෙම කියන්න දෙයක් නෑ. කොහොමත් යනවා. අනේ සංසාරේ යන්න එපා කියලා ඇදලා නවත්ත ගන්න විදිහක් නෑ. ධර්මයේ පෙන්වලා තියෙන්නේ සැඩ පහරක් හැටියට. සැඩ පහරේ ගහගෙන යන කෙනා අපි කිව්වත් නැතත් ගහගෙන යනවා.

සංසාරේ යන්න හරිම ලේසියි...

මං කිව්වා, "පොඩි දෙයයි මේකට කරන්න තියෙන්නේ. ඔයාට සංසාරේ යන්න ඕනෑ නම් දිගින් දිගටම රාග සිතුවිලි එනකොට හොඳට එන්න දෙන්න. ද්වේශය එනකොට හොඳට එන්න දෙන්න. ඊර්ෂ්‍යාව, පළි ගැනීම, ක්‍රෝධය, මාන්නය, වෛරය... ඒ ඔක්කොම හිතේ තියාගෙන හොඳට කාලා බීලා, නිදාගෙන ඉන්න කියලා. එච්චරයි කරන්න තියෙන්නේ. සංසාරේ යන්න කරන්න තියෙන්නේ පුංචි දෙයක්."

දැන් අපේ ජීවිතවල ඒ ක්‍රමයට විරුද්ධව ධර්මය උපදවා ගන්න තමයි අපි මේ දඟලන්නේ. මං කිව්වා ඒක එපා නම් ඔය ටික කරගෙන ඉන්න. වැඩේ ඉවරයි කියලා. බලන්න ශ්‍රද්ධා මාත්‍රයක්වත් තියෙනවද? නැහැ.

ශක්තිමත් විය යුතුය අත්තිවාරම...

ශ්‍රද්ධාව කියන එක පුංචි දෙයක් නෙවෙයි. ඒක ජීවිතේකට විශාල රුකුලක්. ශ්‍රද්ධාවෙන් තමයි මේක පටන් ගන්නේ. ඒකට කියන්නේ 'සද්ධානුසාරී' කියලා. ශ්‍රද්ධාවක් නැතිවුණොත් තමයි අවබෝධය කරායන්නේ නැත්තේ. ශ්‍රද්ධාව තියෙන කෙනා දන්නවා 'බුදුරජාණන් වහන්සේ සම්බුද්ධයි. ඒ ධර්මය නිවන් මග, චතුරාර්ය සත්‍ය අවබෝධ කරන මාර්ගය. ඒ ධර්මය අවබෝධ කරලා මාර්ගඵල ලැබූ පිරිස හිටියා. එහෙනම් ඒ ධර්මය පැහැදිලිවම ප්‍රතිඵල ලබන්න පුළුවන් එකක්. මේ ශ්‍රද්ධාවේ පිහිටලා එයා ඒ ධර්මයට පැමිණෙනවා. සද්ධානුසාරී කෙනා තමයි ඊළඟට ධම්මානුසාරී කෙනා වෙන්නේ. ඒ කියන්නේ එයා ඒ ධර්මය තවදුරටත් දියුණු කරන්න පටන් ගන්නවා. අනිත්‍ය දේ අනිත්‍ය හැටියට විමසනවා. දුක් දේ දුක් හැටියට විමසනවා. අනාත්ම දේ අනාත්ම හැටියටත් විමසනවා. අන්න ඒ ධම්මානුසාරී කෙනා තමයි සෝතාපන්න වෙන්නේ.

ඇයි ඔබ මෙච්චම අගය කරන්නේ...

ඊළඟට සික්ඛානුත්තරිය. ඒ කියන්නේ ඉගෙන ගන්න දේවල් අතර ශ්‍රේෂ්ඨත්වයට පත්වන දේ. අපි නොයෙක් දේවල් ඉගෙන ගන්නවා. ඔන්න අපි කොම්පියුටර් ඉගෙන ගන්නවා. උයන පිහන හැටි ඉගෙන ගන්නවා. ඇඳුම් මහන්න ඉගෙන ගන්නවා. වගා කරන්න ඉගෙන ගන්නවා. ගෙවල් හදන්න ඉගෙන ගන්නවා. වාහන හදන්න, වාහන

එළවන්න ඉගෙන ගන්නවා. බෙහෙත් හේත් කරන්න ඉගෙන ගන්නවා. නමුත් මේවා ඉගෙන ගත්තා කියලා අපි ජීවිතාවබෝධය කරා යන්නේ නෑ.

ඉගෙන ගන්න ඕනෑ සීල, සමාධි, ප්‍රඥා දියුණු කරන හැටියි...

බුදුරජාණන් වහන්සේ පෙන්වා දෙනවා ඉගෙන ගන්න ඕනෑ මේවයි. සිල් රකින හැටි ඉගෙන ගන්න කියනවා. සමාධිය වඩන හැටි ඉගෙන ගන්න කියනවා. ප්‍රඥාව දියුණු කරන හැටි ඉගෙන ගන්න කියනවා. අන්න ඉගෙන ගත යුතු දේ. බුදුරජාණන් වහන්සේ පෙන්වලා දෙන්නේ ධර්මය තුළ සීල, සමාධි, ප්‍රඥා වඩන හැටි. දුක අවබෝධ කරන හැටි. සමුදය ප්‍රහාණය කරන හැටි. නිරෝධය සාක්ෂාත් කරන හැටි. මාර්ගය වඩන හැටි ඉගෙන ගන්න කියනවා. අන්න ඒ ඉගෙනීම තුළ එයා ශ්‍රේෂ්ඨත්වයට පත්වෙනවා. ඒක තමයි සික්ඛානුත්තරිය.

වෙන මොනවා ඉගෙන ගත්තත් ශ්‍රේෂ්ඨත්වයට පත්වෙන්නේ නෑ. ශ්‍රේෂ්ඨත්වයට පත්වෙන්නේම ආර්ය අෂ්ටාංගික මාර්ගය තුළ හික්මෙන හැටි ඉගෙන ගැනීමෙන්. එයා වෙන කිසිම ක්‍රමයකින් ශ්‍රේෂ්ඨත්වයට පත්වෙන්නේ නෑ. අන්න ඒ ඉගෙනීම තමයි ලෝකයේ ඉගෙන ගන්න දේවල් අතර අග්‍රම ඉගෙනීම. බලන්න බුද්ධිමත් මනුෂ්‍යයෙකුට බුදුරජාණන් වහන්සේගේ ධර්මයෙන් කොච්චර පණිවිඩයක් ලැබෙනවද කියලා.

ජරාමරණ ඉදිරියේ මහාචාර්යවරුත් අසරණයි...

මං දන්න එක මහාචාර්යවරයෙක් හිටියා. ඉතින් මහාචාර්ය වෙන්න හොඳටම ඉගෙන ගන්න එපායැ.

ඔන්න එයා වයසට ගිහින් ලෙඩ වුණා. අංශභාගේ හැදුණා. එතකොට එයා ඉගෙන ගත්ත දේවල් ඉවරයි. යන්තම් හිටගන්න වාඩිවෙන්න විතරක් පුළුවන්. දවසක් අපි එයා බලන්න යනකොට අසූචි කරලා, ඒවා ඇඟෙත් ගාගෙන, කටෙත් ගාගෙන. ඉතින් මම ඒ දර්ශනය දැකලා කල්පනා කළා, "අනේ, මේ උගත්කම කොච්චර ළාමක දෙයක්ද?" කියලා. දැන් කවුරුහරි දැක්කොත් මුළු ඇඟෙම අසූචි ගාගෙන, කටෙත් ඔබාගෙන ඉන්නවා... 'මේ මහාචාර්යවරයෙක්' කියලා කවුරුත් පිළිගනිව්ද? නෑ. දැක්කද ඒ උගත්කමේ තියෙන තත්වය? මං කල්පනා කළා, "ඉතින් මෙයා මේවා ඉගෙන ගන්න මහන්සි වෙච්ච කාලේ ඉගෙන ගත්තා නම් සීලයක්, සමාධියක්, ප්‍රඥාවක් වඩන හැටි, එයාට කවදාවත් ඔය ඉරණම අයිති වෙන්නේ නෑ. සිහි මුළාවෙන්නේ නැතුව සිහියෙන් ඉන්න තිබුණා." බලන්න මිනිස් ලෝකේ ඉන්දෙද්දී අන්තිම කාලේ තමන්ගේම අසූචි තමන්ම කන මට්ටමට හැදුණා නම් ආයේ මොනවද ඒ උගත්කම ගැන කතා කරන්නේ?

නමුත් එයා නියම විදිහට සීලයක, සමාධියක, ප්‍රාඥාවක පිහිටලා හිටියා නම් බොහෝම සිහියෙන් යුතුව, හරිම සැනසිල්ලකින් අවසන් හුස්ම හෙළන්නේ නැද්ද? හෙළනවා. අන්න දැක්කද? අන්න ඒකයි සැබෑම උගත්කම කියන්නේ. සැබෑම උගත්කම තමයි චතුරාර්ය සත්‍ය පිළිබඳ උගත්කම. සීල, සමාධි, ප්‍රඥා වඩන ආකාරය පිළිබඳ උගත්කම. ඉගෙන ගන්න දේ තුළින් ශ්‍රේෂ්ඨත්වයට පත්වෙනවා කියන්නේ ඒකයි.

සේවය තුළින් ශ්‍රේෂ්ඨත්වයට පත්වීම...

ඊළඟට පාරිචරියානුත්තරිය. සේවය තුළින් ශ්‍රේෂ්ඨත්වයට පත්වීම. බලන්න අපි සේවය කරනවා...

ඔන්න උදේ පාන්දර නැගිට්ටා. බත් ටික උයාගත්තා. මුලක් බැඳගත්තා. රස්සාවට ගියා. ඔන්න ආයේ හවස වැඩපොළෙන් එළියට ඇවිල්ලා කඩවල් ගානේ ගියා. එළවළු ටිකක් දාගත්තා මල්ලට. ඔන්න ගෙදර ආවා. තියෙන දෙයක් උයා පිහා ගත්තා. කෑවා බිව්වා. ඇඳුම් ටිකවත් හෝදගන්න වෙලාවක් නැහැ. ඔන්න නින්දට ගියා. නින්දට යන්න තියෙන්නේ දහසක් කරදර මැද්දේ. ආයේ ඉතින් පාන්දරින් නැගිටිනවා. දවල් වෙනකම් නිදාගන්න ආසයි. නමුත් විදිහක් නෑ. ඊට පස්සේ ඉතින් සෙනසුරාදා-ඉරිදා එන්නේ කවදද බලාගෙන ඉන්නවා. රස්සාවට ගියත් හවස් වීගෙන එනකොට කල්පනා කරනවා, 'ඉක්මණට වැඩ ඇරෙන්නේ කොයි වෙලාවෙද?' කියලා. ඔන්න වැඩ ඇරිච්ච ගමන් පාරට පැන්නා. මල්ලට මොනවාහරි එළවළු ටිකක් දාගත්තා. ආයේ ගෙදර ඇවිල්ලා ඇඳුම් ටික ගලවලා දාලා පහුවදාට අඳින්න ඇඳුම ලෑස්ති කළා. කාලා නිදාගත්තා... ඉතින් මෙහෙමනේ සාමාන්‍ය ජීවිතේ ගෙවෙන්නේ. සෙනසුරාදා ඉරිදා තමයි ටිකක් විවේක තියෙන්නේ ඇඳුම් ටික හරි හෝදගන්න. ඔන්න ඔහොමයි සේවා සපයන්නේ. ඔහොම ගිහින් ගිහින් මොකද වෙන්නේ? සේවයෙන් විශ්‍රාම යනවා. ඊට පස්සේ තමන්ට මොකුත් කර කියා ගන්න බැහැ.

තමාටවත් නැති සේවය කුමටද...?

මේ විදිහට සේවය කරන්න ගියොත් මොකද වෙන්නේ? කවදාවත් තමාට සේවයක් වෙනවද? නැහැ. බුදුරජාණන් වහන්සේ පෙන්වා දෙනවා, "යම්කිසි කෙනෙක් යනවා නම් තථාගතයන් වහන්සේට සේවය කරන්න, තථාගත ශ්‍රාවකයෙකුට සේවය කරන්න ඒක තමයි තමන්ව ශ්‍රේෂ්ඨත්වයට පත්වෙන සේවය. අපි හිතමු කෙනෙක්

යනවා ජේතවනාරාමයට. ගිහිල්ලා පිරිසිදු කරලා ඔන්න පැත්තකින් වාඩිවෙනවා. ඔන්න බුදුරජාණන් වහන්සේගේ ධර්මය ඇහෙනවා. පිරිස භාවනා කරනවා පේනවා. අන්න සේවය කරන්න ගියාම වෙන දේ. බුදුරජාණන් වහන්සේ පෙන්වා දෙනවා සේවය තුළින් ශ්‍රේෂ්ඨත්වයට පත්වෙනවා නම් ශ්‍රේෂ්ඨත්වයට පත්වෙන්නේ බුදු, පසේබුදු, මහරහතන් වහන්සේලාට සේවය කිරීමෙන්" කියලා.

සේවයෙනුයි මම ධර්මය දැක්කේ...

දැන් අපි දන්නවනේ 'ගෝපිකා' කියන උපාසිකා අම්මා ගැන. ස්වාමීන් වහන්සේලා හතර නමක් වස් වසලා හිටියා. ඒ අයට සේවා කරන්න ගියා. ගිහිල්ලා දානමාන ටික හොයලා බලලා, ඒ කටයුතු කරන ගමන් දවසක් ඇහැව්වා, "ස්වාමීන් වහන්ස, ඔබවහන්සේලා ඔය පුරුදු කරන ධර්මය මටත් කියලා දෙන්න..." කියලා. ඊට පස්සේ ඒ උපාසිකාවට අර ස්වාමීන් වහන්සේලා වඩන්නා වූ ධර්මය කියලා දුන්නා. ඒ උපාසිකාව මොකද කළේ? ගෙදර ගිහින් ඒක පුරුදු කරනවා.

ගෙදර යනකොටත් භාවනා කර කර යනවා. දැන් මේ අය ධර්මය ඉගෙන ගෙන තියෙනවා. බලන්න සිහියෙන් යන්නේ කොහොමද? වම-දකුණ, වම, දකුණ... එහෙමද? නැත්නම් ඔසවනවා... ගෙනියනවා... තබනවා..., ඔසවනවා... ගෙනියනවා... තබනවා. මේ විදිහටද? මෙහෙම සක්මන් භාවනාවක් බුද්ධ දේශනාවේ නැහැ. එහෙනම් බුද්ධ දේශනාවේ තියෙන්නේ මොකක්ද? ඒ තමයි එයා යන ගමන් හිතනවා, 'මේ ඇස අනිත්‍යයි, කනත් අනිත්‍යයි, නාසයත් අනිත්‍යයි, දිවත් අනිත්‍යයි, මේ කයත් අනිත්‍යයි, මේ මනසත් අනිත්‍යයි' කියලා. අන්න ඒ විදිහට සිහි කර කර තමයි සක්මන් කරන්නේ.

ඉතින් ගෝපිකා මේ විදිහට ගෙදර ගිහින් බණ භාවනා කළා. කරලා සෝතාපන්න වුණා. අන්න සේවයේ ප්‍රතිඵල ලබාගත්තා. බලන්න එයා සේවයට ගියා. ඒ සේවයේ ප්‍රතිඵල නියම විදිහට ලබාගත්තා.

සේවය තුළින් ශ්‍රේෂ්ඨත්වයට...

කෙනෙක් බුදුරජාණන් වහන්සේට හරි බුදුරජාණන් වහන්සේගේ ශ්‍රාවක නමකට හරි සේවය කරන්න ගියොත් එයා ඒ සේවා කාලය තුළ ධර්මය ඉගෙන ගන්නවා. ධර්මයේ හැසිරෙනවා. ධර්මය දකිනවා. අන්න එයා සේවය තුළින් ශ්‍රේෂ්ඨත්වයට පත්වෙනවා. ඒක තමයි පාරිචරියානුත්තරිය.

සිහි කළ යුතු ධර්මය ම යි හැම විට...

දැන් කීයක් කිව්වද? පහයි. අපි ආයෙමත් ඒක සිහිකරලා බලමු.

1. **දස්සනානුත්තරිය**
2. **සවණානුත්තරිය**
3. **ලාභානුත්තරිය**
4. **සික්ඛානුත්තරිය**
5. **පාරිචරියානුත්තරිය**
6. **අනුස්සතානුත්තරිය**

අනුස්සතානුත්තරිය කියලා කියන්නේ සිහි කරන දේවල් අතර ශ්‍රේෂ්ඨම දේට.

සිහි කරන්නේ අග්‍ර දෙයක්ද?

බුදුරජාණන් වහන්සේ දේශනා කළා නොයෙක් දේවල් සිහිකරනවා. දැන් අපේ ලොකු දුව ඇමෙරිකාවේ.

පොඩි දුව එංගලන්තේ. ඊළඟ දුව ඉංජිනේරුවෙක්. බෑණා අසවල් කඩේ. චූටි පුතාට කාර් එකක් තියෙනවා. මෙහෙම කල්පනා කර කර ඉන්න එක සිහිකරන දේවල් අතර අග්‍ර දෙයක්ද මේ සිහි කරන්නේ? අග්‍ර දෙයක් නෙවෙයි.

ඊළඟට සිහි කරනවා, ඔන්න අසවල් ළමයා අසවල් ඉස්කෝලේ. ලොකු පුතා විශ්ව විද්‍යාලේ ඉගෙන ගන්නවා. පොඩි පුතා ක්‍රිකට් ටීම් එකේ. මේ සිහි කරන්නේ අග්‍ර දේවල්ද? අග්‍ර දේවල් නෙවෙයි.

තිසරණය සිහිකරන්න බැරිවුණොත් අමාරුවේ තමයි...

නමුත් බුදුරජාණන් වහන්සේ පෙන්වා දෙනවා, "සිහිකරන දේවල් අතර තථාගතයන් වහන්සේව සිහිකිරීම අග්‍රයි. සිහිකරන දේවල් අතර තථාගතයන් වහන්සේ දේශනා කළ ධර්මය සිහිකිරීම අග්‍රයි. සිහිකරන දේවල් අතර තථාගත ශ්‍රාවක පිරිස සිහිකිරීම අග්‍රයි" කියලා. දැන් මේ අය කියවලා ඇති බුදුරජාණන් වහන්සේගේ ශ්‍රාවකයන් වහන්සේලා ගැන, මම සිංහලෙන් පරිවර්තනය කරපු ථේර ථේරි ගාථා පොත. රහතන් වහන්සේලාගේ ජීවිත ගැන බලන්න හරිම පුදුමයි. වීරියෙන්, ඤාණයෙන්, ගුණයෙන්, නුවණින් වැඩුණු එබඳු පිරිසක් තමයි මේ ශාසනය තුළ ඉඳලා තියෙන්නේ. ඒ නිසා සිහිකරන කෙනෙකුට තිසරණය සිහිකරන්න පුළුවන් වෙන්න ඕනෑ. එහෙම සිහිකරන්න බැරිවෙච්ච එක්කෙනා තමයි අමාරුවේ වැටෙන්නේ.

අහවලා මට ගැහුවා... අහවලා මට බැන්නා... අහවලා මාව පැරැද්දුවා...

එහෙම නැත්නම් සිහි කරන්න තියෙන්නේ 'අසවලා

මට බැන්නා. (අක්කොච්ඡි මං) අසවලා මට ගැහුවා. (අවධි මං) අසවලා මාව පැරැද්දුවා. (අජිනි මං) අසවලා මගේ දේ පැහැර ගත්තා. (අහාසි මේ) අසවලා මට නින්දා කළා' කියලා. ඔන්න ඔච්ච තමයි හිත හිතා ඉන්නේ.

ඔන්න හාල් ගරන්න ගත්තා මේවා හිත හිතා. මොකද කරන්නේ? හාල් මිටක් අරගෙන කටේ දාගෙන හප හපා ඉතින් කියවනවා. දත් මිටි කනවා. 'මුං මට මෙහෙම කළා. මට මෙහෙම කළා...' කිය කියා සිහි කරනවා. සාමාන්‍ය ජීවිතේ ගත කරන කොට මේවා වෙන්නේ නැද්ද? එතකොට සිහි කරන දේවල් අතර මේවා සිහි කරා කියලා තව තවත් ඇති වෙන්නේ තරහමයි. ද්වේශය පළිගැනීම, එකට එක කිරීම, වෛරය වගේ දේවල් තමයි ඇතිවෙන්නේ. ඒක යහපත පිණිස පවතින්නේ නැහැ. සිහිකරනවා නම් සිහිකරන්න තියෙන්නේ බුදුරජාණන් වහන්සේ ගැන, ධර්මය ගැන, සංඝරත්නයේ ගුණ ගැන.

සිහි කරනවා නම්...

බුදුරජාණන් වහන්සේ එක තැනකදී කියනවා භික්ෂූන් වහන්සේලාට, "මහණෙනි, ඔය එක එක දේවල් හිතන්න එපා. හිතනවා නම් හිතන්න 'මේක දුකයි' කියලා. හිතනවා නම් හිතන්න 'මේ දුක හේතුවක් නිසා හටගත්ත එකක්' කියලා. හිතනවා නම් හිතන්න ' මේ හේතුව නැති කළොත් දුකින් නිදහස් වෙන්න පුළුවන්' කියලා. හිතනවා නම් හිතන්න 'මට ආර්ය අෂ්ටාංගික මාර්ගය ප්‍රගුණ කළොත් මේ හේතුව නැති කරන්න පුළුවන්' කියලා. අන්න ඒවායි හිතන්න කිව්වේ. එතකොට එයා සිහිකරන්නේ ධම්මානුස්සතිය. ඒ විදිහට හිතනකොට හිතන දේවල් තුළින් ඒ කෙනා ශ්‍රේෂ්ඨත්වයට පත්වෙනවා.

දැන් අපි කරුණු හයක්ම කතා කළා. ඒ තමයි, දස්සනානුත්තරිය, සවණානුත්තරිය, ලාභානුත්තරිය, සික්ඛානුත්තරිය, පාරිචරියානුත්තරිය, අනුස්සතානුත්තරිය. ඉතින් මේ හයම අපට ඇතිකරගන්න පුළුවන්.

මෙය දහමකි සදහම් දැකගත්ත කෙනා හට...

නමුත් අපට දැන් බුදුරජාණන් වහන්සේව ජීවමානව දැකගන්න බැහැ. නමුත් ධර්මය තුළින් උන්වහන්සේව දැකගන්න පුළුවනි.

බුදුරජාණන් වහන්සේගේ සම්බුදු මුවින් ශ්‍රී සද්ධර්මය අපට අහන්න පුළුවන්කමක් නෑ. නමුත් උන්වහන්සේ වදාළ ධර්මය අපට අදත් අසන්න පුළුවනි.

අදත් අපට බුදුරජාණන් වහන්සේ කෙරෙහි, ශ්‍රාවක සඟ පිරිස කෙරෙහි ශ්‍රද්ධා ලාභය ඇතිකරගන්න පුළුවනි.

අදත් අපට පුළුවන් ධර්මය ඉගෙන ගෙන ඒ ධර්මය අනුගමනය කරමින් ධර්ම මාර්ගය තුළම සේවා කටයුතු කරන්න.

අදත් අපට පුළුවන් බුදුරජාණන් වහන්සේ ගැන, ශ්‍රාවක සඟ පිරිස ගැන සිහිකරන්න. ඉතින් හැම කෙනෙකුටම මේ අනුත්තරීය ධර්ම හයම අපේ ජීවිතවල ඇති කරගන්න පුළුවනි.

පුළුවනි සසරින් මිදෙන්ට නැණවතුන්ට මේ ලෝකේ...

මේ ලක්ෂණ අප තුළ ඇති කරගත්තොත් අපි කවදාවත් පිරිහෙන්නේ නෑ. ශ්‍රේෂ්ඨත්වයට පත්වෙනවා. ඉතින් මේවා ඇති කරගන්න නම් නුවණින් කල්පනා

කරන්න පුළුවන්කම තියෙන්න ඕනෑ. නුවණින් කල්පනා කිරීමේ හැකියාව නොතිබුණොත් තමයි අපට ගැටළු ඇතිවෙන්නේ.

ඒ නිසා නුවණින් කල්පනා කිරීමේ හැකියාව ඇති කරගෙන, කල්පනා ශක්තිය දියුණු කරගෙන, අවබෝධය පළල් කරගන්න ඕනෑ. අන්න එහෙම ඇති කරගත්තොත් අපට පුළුවන් ඉතාම ඉක්මණින් චතුරාර්ය සත්‍ය අවබෝධ කරගන්න. ඉතින් මේ පින්වත් සියලු දෙනාටම මේ ලක්ෂණ ඇති කරගෙන ශ්‍රේෂ්ඨ බවට පත්වෙන්නට, මේ ගෞතම බුද්ධ ශාසනය තුළදීම චතුරාර්ය සත්‍ය ධර්මයන් අවබෝධ කරගන්නට වාසනාව උදාවේවා...!

සාදු! සාදු!! සාදු!!!

❀ ❀ ❀

සාරිපුත්ත තෙරුන්ගේ ගාථා

981. එයා සිල්වත් කෙනෙක් නම්, ඉතා හොඳට සිහිය පවත්වනවා නම්, සිතුවිලි දමනය කරල ධ්‍යාන වඩනවා නම්, අප්‍රමාදීව ධර්මයේ හැසිරෙනවා නම්, භාවනාවේ ඇලී වසනවා නම්, සමාධිමත් සිතින් යුතු නම්, හුදෙකලා ජීවිතයෙන් සතුටු වෙයි නම්, අන්න එයාට තමයි "භික්ෂුව" කියල කියන්නෙ.

982. වළඳන දේ තෙත දෙයක් වෙන්ට පුලුවනි. වේලිච්ච දෙයක් වෙන්ට පුලුවනි. පමණ ඉක්මවා ගන්නෙ නෑ. කුසේ ඉඩ තියා ගන්නවා. භික්ෂුවක් වාසය කරන්න ඕන ඒ විදිහටයි. ප්‍රමාණයකට දානෙ අරගෙන, නුවණින් යුක්තවයි.

983. සතර පස් පිඩක් නොවළඳා, ඒ වෙනුවට පැන් වළඳන්න ඕන. නිවනට යොමු කළ සිත් ඇති වීරියවන්ත භික්ෂුවකට ඒක හරි පහසුවක්.

984. සිරුරේ වසාගත යුතු තැන් තියෙනවා. එය වසා ගැනීම පිණිස කැප විදිහට ලැබෙන සිවුරක් තිබීම නිවනට යොමු කළ සිත් ඇති වීරියවන්ත භික්ෂුවට හරි පහසුවක්.

985. භාවනාවට වාඩිවුණාට පස්සෙ, දණහිස් දෙක වැස්සට තෙමෙන්නෙ නැත්නම්, අන්න ඒ විදිහෙ කුටියක් වුණත් නිවනට යොමු කළ සිත් ඇති වීරියවන්ත භික්ෂුවට හරි පහසුවක්.

986. යමෙක් සැප වින්දනය දුකක් වශයෙන් දකිනවා නම්, දුක් වින්දනය හුලක් වශයෙන් දකිනවා නම්, දුක් රහිත වින්දනයට මුලාවෙන්නෙ නැත්නම්, මේ ලෝකෙට එයා කෙසේ නම් බැඳෙන්ටද?

987. පාපී ආශාවන් තියෙන, හීන වීරිය තියෙන, සද්ධර්මය දන්නෙ

නැති, ආදර ගෞරවය නැති කිසි කෙනෙක් සමග මා කවරදා වත් එක් නොවෙම්වා! ඒ උදවියත් සමග එකතු වීමෙන් ලෝකයට සිදුවන යහපත කුමක්ද?

988. ඒත් යම් කෙනෙක් බොහෝ කොට සද්ධර්මය දන්නවා නම්, නුවණ තියෙනවා නම්, සිල්වත් නම්, සමාධිමත් සිතකින් යුක්ත නම්, සිත සන්සිඳුවීමෙහි යෙදෙනවා නම් අන්න ඒ උත්තමයා මාගේ හිස මත වැඩ සිටීවා!

989. (කාම විතර්ක, ව්‍යාපාද විතර්ක, විහිංසා විතර්ක ආදී) මිත්‍යා සංකල්පනාවේම යෙදෙමින්, මිථ්‍යා සංකල්පනාවටම ඇලිල කැලෑ සතෙක් වගේ ඉන්න කෙනාට සසර දුක් නැතිකරන ඒ අමා නිවන අහිමි වෙලා යනවා.

990. එහෙත් යම් කෙනෙක්, මිථ්‍යා සංකල්ප ඉවත් කරගෙන (එක එක දේවල් කල්පනා කර කර ඉන්නෙ නැතිව) ප්‍රපංච රහිත වූ සමථයත්, විදර්ශනාවත් තුළ ඇලී වසනවා නම්, එයාට සසර දුක් නැතිකරන, ඒ අමා නිවන හමුවෙනවා.

991. ගමක හෝ අරණ්‍යයක හෝ පහත් බිමක හෝ කඳු ගැටයක හෝ යම්කිසි තැනක රහතන් වහන්සේලා නම් වැඩසිටින්නේ, ඒ භූමිය හරිම ලස්සනයි.

992. කෙලෙස්වලට ඇලී ගිය කාමී ජනයා ඒ අරණ්‍ය සේනාසනවලට කැමති නෑ. කාමය නොසොයන වීතරාගී මුනිවරුන්ට ඒ අරණ්‍ය සේනාසන හරි ලස්සනයි. උන්වහන්සේලා ඒ තැන්වලට හරි කැමතියි.

993. නිධානයක් මතු කරල පෙන්වනවා වගේ දුටු වරද පෙන්වා දෙන, වරදට ගරහා කරන, ඤාණවන්ත උත්තමයින්වයි ඇසුරු කරන්ට ඕන. ඤාණවන්ත උතුමන් ඇසුරු කරනකොට යහපතක් මිස අයහපතක් නම් සිද්ධ වෙන්නෙ නෑ.

994. අවවාද කරන්න ඕන. අනුශාසනා කරන්ට ඕන. අකුසල් වලින් වළකාගන්ට ඕන. අන්න ඒ තැනැත්තාව සත්පුරුෂයින්ට හරි ප්‍රියයි. අසත්පුරුෂයින්ට නම් ප්‍රිය නෑ.

995. එදා සදහම් ඇස් ඇති බුදු සමිඳුන් වෙන කෙනෙකුටයි දහම් දෙසමින් සිටියේ. බුදු සමිඳුන් දේශනා කරමින් සිටි ඒ ධර්මයේ අර්ථ අවබෝධ කරගන්ට මාත් කන් යොමාගෙන හොඳ සිහියෙන් අහගෙන සිටියා. මගේ ඒ බණ ඇසීම හිස් දෙයක් වුණේ නෑ. ආශ්‍රව රහිතව සියලු දුකින් නිදහස් වුණා.

996. මං සොය සොයා සිටියේ, පුබ්බේනිවාස ඤාණය ලබාගන්න හැටි නොවේ. මං සොය සොයා හිටියෙ දිවැස් ලබන හැටි නොවේ. මං සොය සොයා සිටියේ අනුන්ගේ සිත් දැනගන්න හැටි නොවේ. ඉර්ධි ප්‍රාතිහාර්ය ලබන හැටි නොවේ. චුතූපපාත ඤාණය ලබන හැටි නොවේ. දිව්‍ය කන උපදවාගැනීමේ අවශ්‍යතාවක් මට තිබුණේ නෑ.

997. හිස මුඩු කරගෙන සඟළ සිවුරු පොරවගෙන, රුක් සෙවණකට ගිහින් භාවනා කරන්නෙ, ප්‍රඥාවෙන් උත්තම භාවයට පත් වූ, උපතිස්ස තෙරුන් වහන්සේ.

998. සම්මා සම්බුදු සමිඳුන්ගේ ශ්‍රාවක භික්ෂුව, ධ්‍යානයට සමවැදී ඉන්නවා. ඒකට කියන්නේ ආර්ය නිශ්ශබ්දතාව කියල. ඒ විතර්ක රහිත වූ ධ්‍යානයයි.

999. හොඳට පිහිටල තියෙන, ගල් පර්වතය සෙලවෙන්නෙ නෑ. මෝහය නැති කරපු භික්ෂුවත් නොසැලී ඉන්නෙ පර්වතයක් වගේ.

1000. කෙලෙස් රහිත පුරුෂයා නිතරම සොයන්නෙ පිරිසිදු ජීවිතයක්. කෙස් ලෝමයේ අග ගැටුණු කුඩා වරදක් පවා, එයාට පෙනෙන්නේ වළාකුලක් වගේ.

1001. මරණය ගැනද මට දැන් කැමැත්තක් නෑ. ජීවිතය ගැනත් මට දැන් කැමැත්තක් නෑ. හොඳ සිහියෙන් යුක්තව හොඳ ප්‍රඥාවෙන් යුක්තව මං මේ ශරීරය අත්හැරල දානවා.

1002. මරණය ගැනත් මට දැන් කැමැත්තක් නෑ. ජීවිතය ගැනත් මට දැන් කැමැත්තක් නෑ. පඩියක් බලාපොරොත්තුවෙන් ඉන්න කෙනෙක් වගේ මං මේ පිරිනිවන් පාන්ටයි කල් බලා සිටින්නෙ.

1003. ඉස්සරහිනුත් පිටිපස්සෙනුත් දෙපැත්තෙන්ම තියෙන්නෙ මරණය මිසක් නොමැරී සිටීමක් නොවේ. ඒක නිසා ආර්ය අෂ්ටාංගික මාර්ගයමයි පිළිපදින්ට ඕන. වැනසී යන්න නම් ඒපා! මේ උතුම් අවස්ථාව මග හැරෙන්ට ඉඩ දෙන්න එපා!

1004. ජීවිතේ ධර්මය තුළින් ආරක්ෂා කරගන්ට ඕන, ඇතුළතිනුත් පිටතිනුත් හොඳින් ආරක්ෂා සංවිධානය කරපු නගරයක් වගෙයි. මේ උතුම් අවස්ථාව මග හැරෙන්ට ඉඩ දෙන්න එපා! මේ උතුම් අවස්ථාව අහිමි කරගත්ත ගොඩක් පිරිස නිරයේ ඉපදිලා දුක් විඳිනවා.

1005. උපශාන්ත වෙන්ට ඕන. වරදින් වැළකී සිටින්ට ඕන. කතා බස් කළ යුත්තේ නුවණින් විමසලාමයි. උඩඟු වෙන්ට හොඳ නෑ. සුළං හමලා ගහක කොළයක් ගලවලා දානවා වගේ පාපී දේවල් ඉවත් කරන්ට ඕන.

1006. උපශාන්ත වෙලා, වරදින් වැළකිලා, නුවණින් විමසා කතා බස් කරන, උඩඟු නැති භික්ෂුව තමයි පාපී දේවල් ඉවත් කරන්නෙ සුළං හමලා ගහක කොළයක් ගැලවිලා යනවා වගෙයි.

1007. උපශාන්ත වෙලා, කෙලෙස් පීඩා නැතිව, පහන් සිතින්, නොකැළඹුණු සිතින් ඉන්න, යහපත් ගුණධර්ම ඇති නුවණැති භික්ෂුවට හැම දුකක්ම අවසන් කරන්ට පුළුවන්.

1008. සමහර ගිහිපැවිදි උදවිය ගැන විශ්වාස කරන්ට හොඳ නෑ. ඔවුන් කාලෙකට යහපත්. තව කාලෙකට අයහපත්. කාලෙකට අයහපත්. කාලෙකට යහපත්.

1009. කාමාශාවත්, තරහත්, නිදිමත හා අලස බවත්, සිතේ විසිරීම හා පසුතැවීම ආදියත්, සැකයත් තමා භික්ෂුවගේ සිත කෙලෙසලා දාන්නෙ.

1010. එහෙත් අප්‍රමාදීව ධර්මයේ හැසිරෙන භික්ෂුවගේ සමාධිය සත්කාර සම්මාන ඉදිරියේදීත්, අසත්කාර නින්දා ඉදිරියේදීත් කම්පා වන්නෙ නැතිනම්,

1011. හැම තිස්සෙම ධ්‍යාන වඩන, ඉති සියුම් දෘෂ්ටි පවා විදර්ශනා කරන, උපාදාන නැති කිරීමෙහි ඇලුණ, භික්ෂුවටයි

"සත්පුරුෂයා" කියල කියන්නෙ.

1012. මහ සාගරය, මහ පොළොව, මහමේරුව, මහ සුළං වගේ
       දේ පවා අපගේ ශාස්තෘන් වහන්සේ පෙන්වා වදාළ උතුම්
       විමුක්තියට උපමා කරන්ට බෑ.

1013. මහා නුවණක් තියෙන, සමාධිමත් සිතක් තියෙන, බුදු
       සමිඳුන්ගේ ධර්ම චක්‍රය ඒ අයුරින්ම පවත්වන ඒ සැරියුත්
       තෙරුන් වහන්සේ මහා පොළොව වගේ, ජලය වගේ, ගින්නක්
       වගේ කිසි අරමුණකට ඇලෙන්නෙත් නෑ. ගැටෙන්නෙත් නෑ.

1014. ප්‍රඥා පාරමිතාවට පත්වෙලා, මහා බුද්ධියකින් යුක්ත,
       මහා සිහිනුවණකින් යුක්ත, නිවී ගිය සිතක් ඒ හික්ෂුවට
       තියෙන්නේ. ඒ වුණත්, බුද්ධිහීන නැති ඒ හික්ෂුව හැමතිස්සෙම
       හැසිරෙන්නෙ කිසිවක් නොදන්න කෙනෙක් වගේ.

1015. මාත් ශාස්තෘන් වහන්සේව ගෞරවයෙන් ඇසුරු කළා. බුදු
       සසුන සම්පූර්ණ කරගත්තා. කෙලෙස් බර පැත්තකින් තිබ්බා.
       භව රහැන් මුලින්ම සිඳල දැම්මා.

1016. අප්‍රමාදීව ආර්ය අෂ්ටාංගික මාර්ගයේ ගමන් කරන්න. මට
       කියන්ට තියෙන්නෙ එච්චරයි. සියලු භවයෙන් නිදහස් වුණ
       මං දැන් පිරිනිවන්පාන්ටයි යන්නේ.

                මේ වනාහී ආයුෂ්මත් සාරිපුත්ත නම් රහත් මුනිඳුන් වදාළ
                                                            ගාථාවන්ය.

                                        (ථේර ගාථා - ඛුද්දක නිකාය)

මහාමේඝ ප්‍රකාශන

www.ingramcontent.com/pod-product-compliance
Lightning Source LLC
Chambersburg PA
CBHW070554030426
42337CB00016B/2498